ADAC

Niederlande

von Ralf Johnen

10 **ADAC Top Tipps**

Das müssen Sie gesehen haben! Die zehn Top Tipps bringen Sie zu den absoluten Highlights.

25 **ADAC Empfehlungen**

Unterwegs gut beraten: Diese 25 ausgesuchten Empfehlungen machen Ihren Urlaub perfekt.

Preise für ein DZ mit Frühstück:
€ | bis 100 €
€€ | 100 bis 150 €
€€€ | ab 150 €

Preise für ein Hauptgericht:
€ | bis 15 €
€€ | 15 bis 25 €
€€€ | ab 25 €

Intro

Impressionen 4
Auf einen Blick 9

ADAC Quickfinder

Das will ich erleben 10

Hier finden Sie die Orte, Sehenswürdigkeiten und Attraktionen, die perfekt zu Ihnen passen

Unterwegs

Amsterdam und Noord-Holland 16
1 Amsterdam 18
2 Monnickendam 31
3 Marken 32
4 Hoorn 33
5 Enkhuizen 34
6 Texel 35
7 Bergen 38
8 Alkmaar 39
9 Nationaal Park Zuid-Kennemerland 40
10 Zandvoort aan Zee 40
11 Haarlem 41
Übernachten 44

Zuid-Holland und Zeeland 46
12 Rotterdam 48
13 Delft 54
14 Den Haag 56
15 Scheveningen 60
16 Leiden 61
17 Noordwijk 63
18 Keukenhof 64
19 Gouda 64
20 Kinderdijk 65
21 Dordrecht 66
22 Goeree-Overflakkee 66
23 Schouwen-Duiveland 67
24 Domburg 69
25 Vlissingen 70
26 Middelburg 71
27 Yerseke 72
28 Zeeuws Vlaanderen 72
Übernachten 74

Noord-Brabant und Limburg 76
29 Bergen op Zoom 78
30 Breda 78
31 Tilburg 80
32 s'Hertogenbosch 81
33 Woudrichem 82
34 Eindhoven 83
35 Nuenen 84
36 Venlo 85
37 Maastricht 86
38 Valkenburg 89
Übernachten 90

Mitte und Osten 92
39 Utrecht 94
40 Utrechtse Heuvelrug 97
41 Amersfoort 98
42 Nijmegen 98
43 Arnhem 99
44 Nationaal Park De Hoge Veluwe 101
45 Zutphen 102
46 Deventer 103
47 Zwolle 104
48 Giethoorn 104
49 Flevoland 105
Übernachten 107

Norden und Westfriesische Inseln 108
50 Groningen 110
51 Leeuwarden 112
52 Franeker 113
53 Harlingen 113
54 Vlieland 114
55 Terschelling 115
56 Ameland 116
57 Schiermonnikoog 117
58 Sneek 118
59 Urk 118
60 Emmen 119
Übernachten 120

Zu diesen Orten und Sehenswürdigkeiten finden Sie Detailkarten im Innenteil des Reiseführers

Service

Niederlande von A–Z 122

Alle wichtigen reisepraktischen Informationen – von der Anreise über Notrufnummern bis hin zu den Zollbestimmungen

Festivals und Events 128
Chronik 136
Mini-Sprachführer 137
Alle Blickpunkt-Themen in diesem Band 138
Register 138
Bildnachweis 141
Impressum 142
Mobil vor Ort 144

Umschlag:

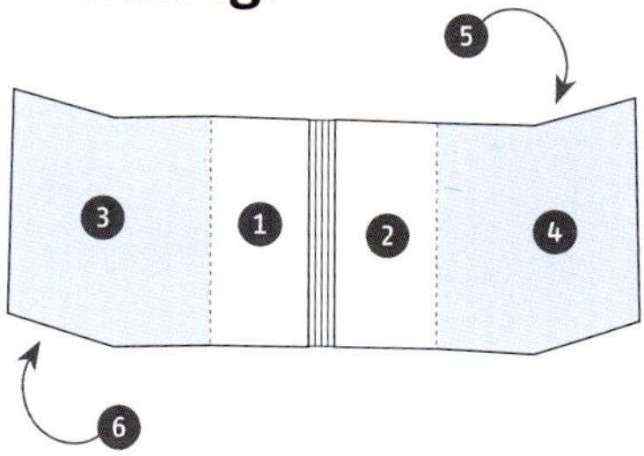

ADAC Top Tipps: Vordere Umschlagklappe, innen 1

ADAC Empfehlungen: Hintere Umschlagklappe, innen 2

Übersichtskarte Niederlande Nord: Vordere Umschlagklappe, innen 3

Übersichtskarte Niederlande Süd: Hintere Umschlagklappe, innen 4

Stadtplan Amsterdam: Hintere Umschlagklappe, außen 5

Ein Tag in Amsterdam: Vordere Umschlagklappe, außen 6

Kleines Land mit großem Erfindergeist

Kreativität und gelassene Weltläufigkeit sind ebenso typisch niederländisch wie Tulpen und Windmühlen

Amsterdams Filetstück, flankiert von noblen Patrizierhäusern: die Keizersgracht

Die gemütliche Weltstadt Amsterdam mit ihrem unverwechselbaren Erscheinungsbild. Als Gegenstück die dynamische Metropole Rotterdam. Eine fast unüberschaubare Zahl kleinerer Städtchen mit intaktem historischem Kern. Dazu mehr als 500 km makelloser Sandstrand, unberührte Dünenlandschaften, eine Handvoll Inseln und nicht zuletzt die launische Nordsee. Das sind die Hauptattraktionen der Niederlande – zumindest auf den ersten Blick. Einzigartig ist auch die Dichte sehenswerter Städte, die sich in Fahrraddistanz zum Meer befinden – allenfalls der Norden Italiens kann hier mithalten.

Alte Meister ...

Das Prädikat Weltklasse gilt auch für das kulturelle Leben. Die Niederlande sind eine Nation, die auf eine reiche

Kunstgeschichte zurückblickt. Im 17. Jh., dem Goldenen Zeitalter, blühte die noch junge Handelsnation auf, und viele Städte erhielten ihr heutiges Gesicht. In Amsterdam wurde der prächtige Grachtengürtel angelegt. Rembrandt malte seine »Nachtwache« und Vermeer sein »Mädchen mit dem Perlenohrring«.

... neue Genussfreude

Niederländer haben also die Welt mitgestaltet. Der Wille dazu ist bis heute ungebrochen. Immer wollen sie die Besten sein. Als Designer. Als Unternehmer. Als Erfinder. Und ganz besonders beim Sport.

Zum Glück für den Reisenden haben sie neuerdings auch den Spaß am Genießen entdeckt. Mit einem Bierchen, einem Glas Wein und einem »Borrelhapje« in der Sonne sitzen, ist das eine. Doch längst ist die Bevölkerung des einstmals so genügsamen Landes auch der Spitzengastronomie verfallen. Heute wollen die Chefs die Sterne vom Himmel kochen. Mit dem Resultat, dass 2019 mehr als 100 Restaurants mit einem oder mehr Michelin-Sternen dekoriert waren.

Damit nicht genug: So ist die Anzahl der Brauereien zwischen Maastricht und Groningen inzwischen höher als in Belgien, dessen vielfältige Bierkultur bekanntlich zum immateriellen Welterbe der UNESCO gehört. Und neuerdings erzielen sogar die Winzer ordent-

Kubuswohnungen in Rotterdam (unten) – »Vincents Schlafzimmer in Arles« im Van Gogh Museum (ganz unten)

Frische Brise am Strand von Renesse (oben) – Käsefans können in den Niederlanden aus dem Vollen schöpfen (Mitte) – Segelregatta bei Sneek (unten)

liche Erfolge. Schon seit mehr als zehn Jahren schenkt die KLM in der Business Class Wein aus Zeeland aus – er schmeckt hervorragend.

Genuss muss aber nicht mit Aufwand verbunden sein, es geht auch informell und günstig. In den indonesischen Tokos zum Beispiel, die überall im Lande die Küche des Kolonialzeitalters am Leben erhalten. Noch populärer sind die Strandpavillons, wo die Köche mittlerweile viel mehr können als nur die Fritteuse bedienen – auch wenn nach einem Tag am Meer wenig über eine Portion »Bitterballen« geht.

Niederländische »Gezelligheid«

Überhaupt sind die Strandpavillons so etwas wie der Inbegriff einer neuen Gemütlichkeit geworden. »Gezellig« nennen es die Niederländer, wenn sie auf dicken Polstern um ein offenes Feuer sitzen, die Sonne im Meer versinken sehen, ein Craft-Bier trinken und leiser Lounge-Musik lauschen.

Städte wie aus dem Bilderbuch

Das Bewundern des Sonnenuntergangs am Nordseestrand ist ein preiswertes Vergnügen – gleiches gilt auch für den Besuch von Haarlem, Leiden, Delft oder Utrecht, die als Städte allesamt Gesamtkunstwerke sind und die im Grunde keine weiteren Attraktionen als Anreiz benötigen.

In den zurückliegenden drei oder vier Jahrhunderten haben sie sich nur so viel verändert wie unbedingt nötig. Entsprechend ist kaum etwas schöner, als in einer lauen Sommernacht an den Grachten einer dieser Städte entlangzuspazieren und einen Blick in gardinenlose Fenster zu werfen, deren warmes Licht sich im Wasser spiegelt. Unterwegs entdeckt man vielleicht einen alten Kahn, der ein zweites Leben als Biergarten führt, und vergisst bei einem Absacker an Deck die Zeit, zumindest für eine Weile ...

Nun mag der Instinkt dem Reisenden vorgeben, Zeeland, die Westfriesischen Inseln oder die entzückenden Städtchen an der Küste anzusteuern. Doch auch weite Teile des Hinter- und Binnenlandes sind touristisch gut aufgestellt. Wie die Themenparks Efteling, Walibi und Beekse Bergen beweisen, beherrschen die Niederländer die Kunst des Entertainments für die ganze Familie. Sie verstehen es, im Zuiderzeemuseum oder in Madurodam ihre Geschichte und ihre Errungenschaften auf völlig unterschiedliche Weise zu inszenieren. Ja, sogar die permanente

> *Den Wind kann man nicht verbieten. Aber man kann Mühlen bauen.*
>
> Niederländisches Sprichwort

Bei Kinderdijk streckt ein fotogenes Mühlenensemble seine Flügel in den Wind

Bedrohung durch die Nordsee thematisieren sie im Deltapark Neeltje Jans auf erhellende Weise.

Erholung in der Natur

Auch Aktivitäten in freier Natur stehen in den Niederlanden hoch im Kurs. Wo etwa könnte man besser entspannen als an Bord eines Bootes auf den friesischen Seen und Kanälen? Und wo lässt es sich ungestörter radeln als in Nationalparks wie De Hoge Veluwe oder in den Hügeln Limburgs?

Von Kreativität, Fleiß und Erfindungsreichtum der Niederländer war bereits die Rede. Das aber sind nicht die einzigen Tugenden des rund 17 Mio. Individuen zählenden Volkes. Den nationalen Charakter prägten von jeher auch Liberalität und Toleranz. Nur so konnte aus Amsterdam eine Stadt werden, in der über 180 Nationalitäten weitgehend friedlich zusammenleben.

Durch die zunehmende Bevölkerungsdichte, die Probleme infolge anhaltender Migration und die Instrumentalisierung vermeintlicher Missstände durch Populisten hat das freundliche Image in jüngerer Vergangenheit Kratzer erhalten. Dafür steht Deutschland so hoch im Kurs wie noch nie: vor allem bei jungen Niederländern ist das Nachbarland populär.

Geteilt sind die Meinungen nach wie vor dazu, ob man sich pauschal als Holländer bezeichnen lassen möchte. Historisch gesehen trifft diese Bezeichnung nur auf die Bewohner der Provinzen Noord- und Zuid-Holland zu. Doch auch bei dieser Frage scheint sich mehr und mehr Toleranz auszubreiten. Genug auf jeden Fall, um als

Farborgie auf 32 Hektar: die Tulpenblüte in Keukenhof

Reisender bei einer unabsichtlichen Verallgemeinerung keine strafenden Blicke zu ernten.

Abschied von überholten Klischees

So bleibt unter dem Strich nur eine Schlussfolgerung: die Niederlande sind ein nahezu perfektes Urlaubsland. Vor allem im Frühling, Sommer und Herbst. Doch selbst im Winter können Küste und Städte herrlich sein. Aus heutiger Sicht stellt sich allein die Frage, warum das Land sich so lange hinter Klischees versteckt hat. Angesichts all seiner Qualitäten ist nun die Zeit gekommen, Abschied von Frau Antje zu nehmen und die stereotypen Bilder von Wohnwagen, Käserädern, Coffeeshops und dem sündigen Rotlichtviertel Amsterdams ein für alle Male zu vergessen.

Hauptstadt *Amsterdam*

Sprache *Niederländisch, Friesisch (in der Provinz Friesland)*

Währung *Euro*

Staatsform *Konstitutionelle Monarchie*

Fläche *41 543 km²*

Einwohner *17,02 Mio.*

Religion *53 % der Niederländer fühlen sich keiner Konfession zugehörig. Rund 26 % sind Katholiken, 16 % Protestanten und 5 % Muslime*

Tourismus *Jährlich verbringen etwa 15,7 Mio. Besucher aus dem Ausland zumindest eine Nacht in den Niederlanden, etwa ein Drittel davon sind Deutsche*

Wichtige Vokabel *»Gezellig«. Der Begriff steht für die gemütlichen Seiten des Lebens, wird aber mehr und mehr für alles Angenehme verwendet.*

Oft gehörtes Sprichwort *»Benimm dich normal, dann bist du schon verrückt genug.«*

Darin sind die Niederländer Weltmeister *Radfahren, auf 17,02 Mio. Einwohner kommen 22,7 Mio. Velos*

Exportschlager *Tulpen, und das seit über 400 Jahren. Zuletzt wurden pro Jahr über 2 Mrd. Stück produziert.*

Das will ich erleben

Mondäne Metropolen und mittelalterliche Städtchen, windschiefe Häuschen und futuristische Bauten, dazu endlose Strände und ursprüngliche Dünenlandschaften. All das macht den Reiz der Niederlande aus. Auch zum Shoppen eignen sich die historischen Orte perfekt. Außerdem wären da noch die opulente Museumslandschaft, die zu neuen Höhenflügen ansetzende Esskultur und die einzigartige Institution der Strandpavillons. Ganz zu schweigen von den technischen Errungenschaften, die das Leben in dem vom Meer bedrohten Land erst ermöglichen. Reichlich Stoff für einen spannenden Urlaub.

Meister des Lichts

Niederländische Künstler haben die europäische Kunstgeschichte maßgeblich geprägt. Im Goldenen Zeitalter setzten Rembrandt van Rijn, Jan Vermeer, Frans Hals und Zeitgenossen neue Maßstäbe. Später sollte das verkannte Genie Vincent van Gogh die Malerei mit seiner besonderen Pinselführung abermals revolutionieren.

1 Rijksmuseum, Amsterdam 27
Das Glanzstück ist Rembrandts »Nachtwache«

11 Frans Hals Museum, Haarlem 42
Weltgrößte Sammlung des berühmten Porträtmalers

14 Mauritshuis, Den Haag 56
Das Museum besitzt gleich drei Vermeers

44 Kröller-Müller Museum 101
Van Gogh & Co. im Nationaal Park De Hoge Veluwe

Einkaufen bis zum Umkippen

In den Niederlanden lässt es sich wunderbar shoppen. Die meisten Städte besitzen ansprechende Fußgängerzonen mit netten Cafés und einer Vielzahl von Geschäften. Das Spektrum reicht von Antiquitäten über Mode und Wohndesign bis zu regionalen Spezialitäten. Die Outlet-Center haben es derweil auf Schnäppchenjäger abgesehen.

1 Negen Straatjes, Amsterdam 26
Jeder Shop hat seinen eigenen Style

36 Outlet-Center Roermond, Venlo 85
Pilgerziel für deutsche Grenzgänger

37 Altstadt, Maastricht 88
Mittelalterliche Straßen mit hohem Bummelfaktor

Kulinarische Kabinettstückchen

Die Genusskultur ist in den Niederlanden auf dem Vormarsch. In der Spitzengastronomie äußert sich dies in einer nie da gewesenen Vielzahl von Sternerestaurants, doch auch auf einem niedrigeren kulinarischen Level lässt man sich neuerdings gern verwöhnen.

12 Markthal, Rotterdam 49
Der futuristische Bau ist ein Pilgerziel für Foodies
27 Oesterbeurs, Yerseke 72
Muschelfans kommen hier voll auf ihre Kosten
47 De Librije, Zwolle 104
Sterneküche im Frauenknast

Niederländische »Gezelligheid«

Der Begriff geistert durch alle Lebensbereiche. Ein Abend in einem urigen Restaurant oder einer Kneipe mit hohem Wohlfühlfaktor, das Stöbern in originellen kleinen Geschäften oder der Bummel über einen urholländischen Markt: Einfach alles kann »gezellig« sein – wenn Umgebung und Gesellschaft stimmen.

1 Bruin Cafés, Amsterdam 26
Die urigsten dieser Kneipen finden sich im Jordaan
11 De Vijfhoek, Haarlem 42
Enge Gassen mit blumengeschmückten Häuschen
13 Beestenmarkt, Delft 55
»Borrelen« unter alten Bäumen

Ursprüngliche Küstenlandschaften

Die Niederlande sind ein hochzivilisiertes Land, das unter permanentem Platzmangel leidet. Die Nordseeküste ist dennoch heilig. Vielerorts hat sie ihr ursprüngliches Gesicht bis in die Gegenwart bewahrt. Outdoor-Freunde können aus einem reichen Fundus von Natur- und Nationalparks schöpfen.

9 Nationaal Park Zuid-Kennemerland 40
Strand, Sand und kleine Seen – auch zum Baden
15 Meijendel, Scheveningen 61
Dünen erstrecken sich bis zum Horizont
54 Vliehors, Vlieland 115
Mit 25 km² die größte Sandfläche Europas

Sonnige Stunden im Strandpavillon

Aus der Not eine Tugend machen. So lässt sich der Werdegang dieser niederländischen Institution beschreiben. Anfangs nicht viel mehr als Frittenbuden mit Windschirmen, setzen die Strandpavillons neuerdings zu kulinarischen Höhenflügen an: Die Speisekarten werden immer verlockender.

6 **Paal 17, Texel** 36
Von Gastrokritikern mehrfach ausgezeichnet

15 **Het Puntje, Scheveningen** 61
Stammgäste schätzen die relaxte Atmosphäre

57 **De Marlijn, Schiermonnikoog** 118
Nirgendwo ist das Seafood frischer

Spaß ohne Ende

Die erfinderischen Niederländer mischen auch in der Unterhaltungsindustrie fleißig mit. Rasante Achterbahnen, Miniaturen von berühmten Monumenten und opulent ausgestattete Märchenwälder sorgen bei Kindern und Erwachsenen wahlweise für Nervenkitzel oder eine entschleunigte Form von Kurzweil.

14 **Madurodam, Den Haag** 58
Niederländische Topattraktionen im Kleinformat

31 **De Efteling, Tilburg** 81
Märchenwelten werden Realität

49 **Walibi, Flevoland** 106
Die Achterbahnen brechen stets neue Rekorde

Märkte mit Lokalkolorit

Als Volk der Händler und Kaufleute besitzen die Niederländer eine höchst lebendige Marktkultur. Von Gemüse über Blumen bis hin zu Kleidung und Haushaltswaren steht fast alles zum Verkauf. Ein Spektakel für Touristen sind die Käsemärkte – aber ein durchaus charmantes.

1 **Albert-Cuyp-Markt, Amsterdam** 29
Gilt als größter Wochenmarkt des Landes

8 **Kaasmarkt, Alkmaar** 39
Hier wird Käse gehandelt wie schon seit 600 Jahren

50 **Wochenmarkt, Groningen** 111
Erzeugermarkt mit Nachbarschaftsflair

Ab ins Kuriositätenkabinett

Nicht jedes Museum kann mit einem Rembrandt glänzen. Das muss aber auch nicht sein, denn abseitige Themen, originelle Konzepte oder skurrile Exponate ermöglichen oft die spannenderen Entdeckungen. Auch in Bereichen wie Naturkunde oder Technik.

1 Ons' Lieve Heer op Solder ... 21
Versteckkirche auf einem Dachboden in Amsterdam

12 Naturkundemuseum, Rotterdam ... 50
Beherrschendes Thema: kuriose Todesfälle bei Tieren

14 Escher in Het Paleis, Den Haag ... 57
Entführt Besucher in eine Welt der Illusionen

34 DAF-Museum, Eindhoven ... 84
Hommage an den niederländischen Autobauer

Hofjes: früher sozialer Wohnungsbau

Schon im frühen Mittelalter gab es reiche Bürger, die sich karitativ betätigten. Für alleinstehende Frauen, Arme und Alte errichteten sie Wohnanlagen, die sich um idyllische Innenhöfe gruppieren. Oasen im Trubel der Stadt, von denen noch heute viele bewohnt sind.

1 Begijnhof, Amsterdam ... 21
Aus der Zeit gefallenes barockes Ensemble

11 Hofje Zonder Zorgen, Haarlem ... 43
Das Café blickt auf den malerischen Proveniershof

30 Begijnhof, Breda ... 79
Heute leben hier alleinstehende Frauen

Hoch hinaus ist halb gewonnen

Die Niederlande machen ihrem Namen topografisch alle Ehre. Das hat seine Bewohner nie daran gehindert, sich exponierte Aussichtspunkte zu schaffen – sei es auf schlanken Leuchttürmen, auf mächtigen Kirchtürmen oder kühnen Wolkenkratzern.

6 Vuurtoren, Texel ... 36
Vom roten Leuchtturm überblickt man das Watt

12 Euromast, Rotterdam ... 51
Auf 100 m Höhe kann man auch in Suiten nächtigen

39 Domtoren, Utrecht ... 94
Der höchste Kirchturm des Landes

Unterwegs

Himmelhohe Dünen, Sand und Wellen, so weit das Auge reicht. Dazu eine frische Brise. Mit diesem prickelnden Mix sorgt die niederländische Nordseeküste für bleibende Urlaubserinnerungen.

Amsterdam und Noord-Holland

Amsterdam ist mit seinen Grachten und Giebelhäusern ein Gesamtkunstwerk; an der Küste locken endlose Strände und hohe Dünen

Die Hauptstadt der Niederlande zählt zweifellos zu den schönsten Städten des Planeten. Ein Spaziergang durch den Grachtengürtel in der Dämmerung ist herzerweichend romantisch, die Museumslandschaft spektakulär. Die Stadtteile Noord und Oost aber beweisen, dass Amsterdam nicht nur eine Kunststadt mit großer Geschichte ist, sondern auch eine moderne Metropole mit multikulturellem Flair.

Nur ein paar Kilometer entfernt lockt mit den kleinen Städtchen entlang der Ijsselmeer-Küste ein Bilderbuch-Holland. An der Nordseeküste hingegen lebt die Natur ihre schroffe Seite aus – hier bestimmen weitläufige Strände und hohe Dünen das Landschaftsbild. Das Licht inspiriert Künstler schon seit Generationen zu Großtaten.

In diesem Kapitel:

1 Amsterdam 18
2 Monnickendam 31
3 Marken 32
4 Hoorn 33
5 Enkhuizen 34
6 Texel 35
7 Bergen 38
8 Alkmaar 39
9 Nationaal Park Zuid-Kennemerland 40
10 Zandvoort aan Zee 40
11 Haarlem 41
Übernachten 44

ADAC Top Tipps:

1 Prinsengracht, Amsterdam
| Städtebauliches Ensemble |
Amsterdams schönste Gracht mit prächtigen alten Stadtpalästen. 25

2 Rijksmuseum, Amsterdam
| Kunstmuseum |
Die Gemäldegalerie ist nicht nur wegen Rembrandts »Nachtwache« ein Museum der Weltklasse. 27

3 Marken
| Insel |
Die ehemalige Ijsselmeerinsel ist ein urholländisches Idyll mit grün-weißen Holzhäuschen. 32

4 Texel
| Insel |
Die Nordseeinsel begeistert mit Stränden, Dünen und dem Gefühl von Abgeschiedenheit. 35

5 Nationaalpark Zuid-Kennemerland
| Naturpark |
Von herrlichen Dünen durchzogenes Naturgebiet. 40

ADAC Empfehlungen:

1 Van Gogh Museum, Amsterdam
| Kunstmuseum |
Weltgrößte Sammlung an Gemälden des Ausnahmekünstlers. 28

2 Albert-Cuyp-Markt, Amsterdam
| Markt |
Auf dem größten Markt des Landes findet man alles vom Alltäglichsten bis zum Außergewöhnlichsten. 29

3 A'DAM Toren, Amsterdam
| Aussichtsturm |
Einst Shell-Zentrale, nun Aussichtsturm und Abenteuerspielplatz. 30

4 Zaanse Schans
| Freilichtmuseum |
Die Rekonstruktion eines Zaanland-Dorfes versetzt ins ländliche Holland vergangener Zeiten zurück. 31

5 Paal 17, Texel
| Restaurant |
Beliebter Strandpavillon mit relaxter Atmosphäre und guten Snacks. 36

6 Schoorlse Duinen
| Düne |
Kinder lassen sich von der 54 m hohen Kletterdüne gern hinabrollen. 38

7 Haarlem
| Stadtbild |
Die bezaubernde Stadt mit ihren Grachten und Hofjes inspirierte im 17. Jh. viele namhafte Künstler. 41

8 Hotel Ambassade, Amsterdam
| Hotel |
Privat geführtes Hotel mit einmaliger Kunst- und Literatursammlung. 44

1 Amsterdam

Historische Metropole mit dem Geheimnis ewiger Jugend

Der Montelbaanstoren an der Oude Schans war ein Wachturm der alten Stadtmauer

Information

- I amsterdam Visitor Centre, Stationsplein 10, Amsterdam, Tel. 020 702 60 00, www.iamsterdam.com
- Parken s. S. 19

»An den Amsterdamer Grachten habe ich mein Herz verloren«. So lautet die Kernbotschaft eines niederländischen Schlagers, der vor Ort noch immer gerne gesungen wird. Es ist der Kniefall eines singenden Poeten vor seiner Heimatstadt, deren Faszination sich auch Besucher nicht entziehen können. Die von stolzen Stadtpalästen gesäumten und von zahllosen Brücken überspannten Grachten werden immer mehr zum Sehnsuchtsziel für Menschen aus aller Welt. Die Stadt der Fahrradfahrer, der Hausboote und der großen Maler des Goldenen Jahrhunderts zieht so viele Touristen an wie nie zuvor.

Diese erfahren eine kreative, multikulturell geprägte Stadt, die sich nicht auf ihrer großen Geschichte ausruht, sondern sich ständig weiterentwickelt und immer wieder neu erfindet. So kann man durch den gemütlichen Jordaan flanieren, das Rembrandthuis besuchen und die Nachtwache im fantastischen Rijksmuseum bewundern, aber auch neue Trendviertel erkunden, in originellen Boutiquen stöbern und sich durch

Plan S. 22/23

internationale Spezialitätenrestaurants probieren – und dabei unweigerlich Amsterdams Charme erliegen.

Innenstadt

Amsterdams ältestes Viertel verzaubert mit einem einzigartigen Stadtbild

Vor der Erweiterung der Stadt durch den Grachtengürtel war Amsterdam ein sehr beengter Ort. Das spiegelt sich bis heute in den engen Gassen und an den Grachten der ältesten Stadtteile wider. Straßennamen wie Zeedijk erinnern daran, daß jeder Quadratmeter in mühevoller Arbeit durch Dämme und Deiche dem Meer abgerungen wurde.

Sehenswert

1 Centraal Station

| Bahnhofsgebäude |

Der Hauptbahnhof ist das Tor zur Stadt und wurde mit seinen den Haupteingang flankierenden Türmen auch ganz bewusst als solches gestaltet. Der Architekt P. J. H. Cuypers errichtete »Centraal« zwischen 1881 und 1889 auf drei künstlichen Inseln im IJ und Tausenden von Pfählen. Nach seiner 2016 abgeschlossenen Restaurierung erstrahlt der täglich von rund 185 000 Fahrgästen benutzte Bahnhof wieder in alter Pracht. Sehenswert ist

ADAC Mobil

Öffentlicher Nahverkehr

Amsterdams Zentrum ächzt unter der Last des Verkehrs, Parkplätze sind rar und teuer (bis 48 €/Tag). Am besten lässt man daher den Pkw auf einem der **Park-&-Ride-Plätze** am Stadtrand stehen (www.iamsterdam.com/parkandride, 1–8 €/24 Std.) und steigt auf öffentliche Verkehrsmittel um.

Für den von der GVB betriebenen Nahverkehr ist die **OV-Chipkaart** notwendig. Sie ist als Tages- (8 €) oder Mehrtagesticket (2–7 Tage, 13,50–36,50 €) an Automaten und in GVB-Büros erhältlich. Sie muss beim Ein- und Aussteigen vor ein Lesegerät gehalten werden. Die Fähren auf dem IJ sind kostenlos. Weitere Infos unter www.gvb.nl.

Plan S. 22/23

das Jugendstilinterieur im ehemaligen Wartesaal Erster Klasse, der heute das Grand Café 1e Klas beherbergt (www.restaurant1eklas.nl).

2 Dam
| Platz |

Amsterdams Hauptplatz befindet sich an der Stelle, wo Bauern im Jahr 1275 den Lauf des Flusses Amstel durch den Bau eines Deiches stoppten. Der Amsteldamm wurde zum Namensgeber der Stadt. An der Westflanke thront der mächtige Königspalast, gleich daneben steht mit der Nieuwe Kerk die Krönungskirche der niederländischen Monarchen. Die Nordost- und Ostseite dominieren das Kaufhaus De Bijenkorff und das Grand Hotel Krasnapolsky. Mitten auf dem Platz erinnert das Nationaal Monument an die Opfer der deutschen Besatzung während des Zweiten Weltkriegs.

ADAC Mittendrin

Koningsdag

Ähnlich wie im angrenzenden Rheinland wird auch in den Niederlanden ausgelassen Karneval gefeiert. Noch wilder allerdings geht es am Koningsdag zu, dem Geburtstag von König Willem-Alexander. Am 27. April kleidet sich die ganze Stadt in Orange und schwenkt orangefarbene Flaggen. Es gibt Flohmärkte an jeder Ecke, Livemusik und Essensstände, die Grachten sind voller Partyboote, auch auf den Brücken wird getanzt. Ein tolles Open-Air-Event mit hohem Spaßfaktor – auch ohne holländischen Pass oder Begeisterung für die Monarchie.

3 Koninklijk Paleis
| Palast |

Der mächtige klassizistische Bau wurde von 1648 bis 1665 auf 13 659 Holzpfählen errichtet. Bis 1808 diente er als Rathaus. Während der kurzen französischen Besatzung erhob König Louis Bonaparte ihn zur Residenz. Nach dem Wiener Kongress von 1815 wurde er zum Palast des niederländischen Königshauses, das ihn für repräsentative Zwecke nutzt. Unter den prachtvoll ausgestatteten Räumen ragen der Bürger- und Gerichtssaal heraus.

■ Dam, www.paleisamsterdam.nl, tgl. 10–17 Uhr (außer bei Nutzung zu offiziellen Anlässen), 10 €, erm. 9 €

4 De Wallen
| Stadtviertel |

Die Wallen sind Amsterdams berüchtigtste Sehenswürdigkeit, denn der Name bezeichnet das Rotlichtviertel. Es erstreckt sich beidseits des Oudezijds Voorburgwal und des Oudezijds Achterburgwal, zwei malerischen Grachten, die im ältesten Teil Amsterdams von kleinen Brücken überspannt werden und an deren Ufern einige der schönsten (und schiefsten) Giebelhäuser stehen. Schon im Mittelalter, als Amsterdam noch eine geschäftige Hafenstadt war, gingen rund um die Oude Kerk Prostituierte ihrem Gewerbe nach. Die rot beleuchteten Kober-Fenster, in denen sie sich ihrer Kundschaft präsentieren, haben sich jedoch erst in den 1960er-Jahren ausgebreitet (vom Fotografieren sollte man hier unbedingt Abstand nehmen). Inzwischen mischen sich immer mehr Cafés und trendige Boutiquen unter die billigen Kneipen, Peepshows und Sexshops, die nicht die vornehmste Klientel anziehen.

Der Begijnhof ist einer der versteckten Schätze von Amsterdam

5 Ons' Lieve Heer op Solder

| Geschichtsmuseum |

Auf dem Dachboden (altniederl.: »solder«) eines unverdächtigen Wohnhauses verbirgt sich seit 1662 eine vollständig eingerichtete katholische Kirche inklusive Altar und Orgel. Solche auch als Schlupf- oder Versteckkirchen bezeichneten Glaubensstätten waren in den calvinistisch geprägten Niederlanden des 17. und 18. Jh. gar nicht so selten: Man duldete andere Religionen, solange deren Anhänger sich nicht in der Öffentlichkeit zu ihrem Glauben bekannten. Heute ist die Kirche ein Museum und zugleich ein beredtes Zeugnis für die Amsterdamer Kultur der Toleranz.

■ Oudezijds Voorburgwal 38, www.opsolder.nl, Mo–Sa 10–18, So 13–18 Uhr, 12,50 €, erm. 6 €

6 Begijnhof

| Städtebauliches Ensemble |

Zwischen Spui und Kalverstraat versteckt sich am Rande der Altstadt hinter einem unscheinbaren Tor ein wunderbares Kleinod: der Beginenhof. Als Ensemble ebenso kleiner wie reizender Giebelhäuser, in deren Mitte sich eine gepflegte Grünfläche ausbreitet, wurde die Anlage bereits im 14. Jh. erbaut. Hier lebte ein Verbund unverheirateter Frauen, die zwar nicht durch ein Gelübde gebunden waren, aber dennoch klösterlichen Regeln gehorchten. Die letzte Begine starb 1971, bis heute jedoch leben alleinstehende Frauen in den 105 Wohnungen. Die Bewohnerinnen bitten um Respekt für ihre Privatsphäre.

■ Eingang Begijnhof 30, tgl. 8–17 Uhr, Eintritt frei

7 Rembrandthuis

| Kunstmuseum |

In der Jodenbreestraat, der Hauptstraße des ehemaligen Judenviertels, bezog Rembrandt 1639 ein Haus, in dem er 20 Jahre lang lebte und arbeitete. Die Stadt erwarb das Gebäude 1906, wandelte es in ein Museum um und stattete die Räume mit zeitgenössischem Mobiliar aus. Besucher können

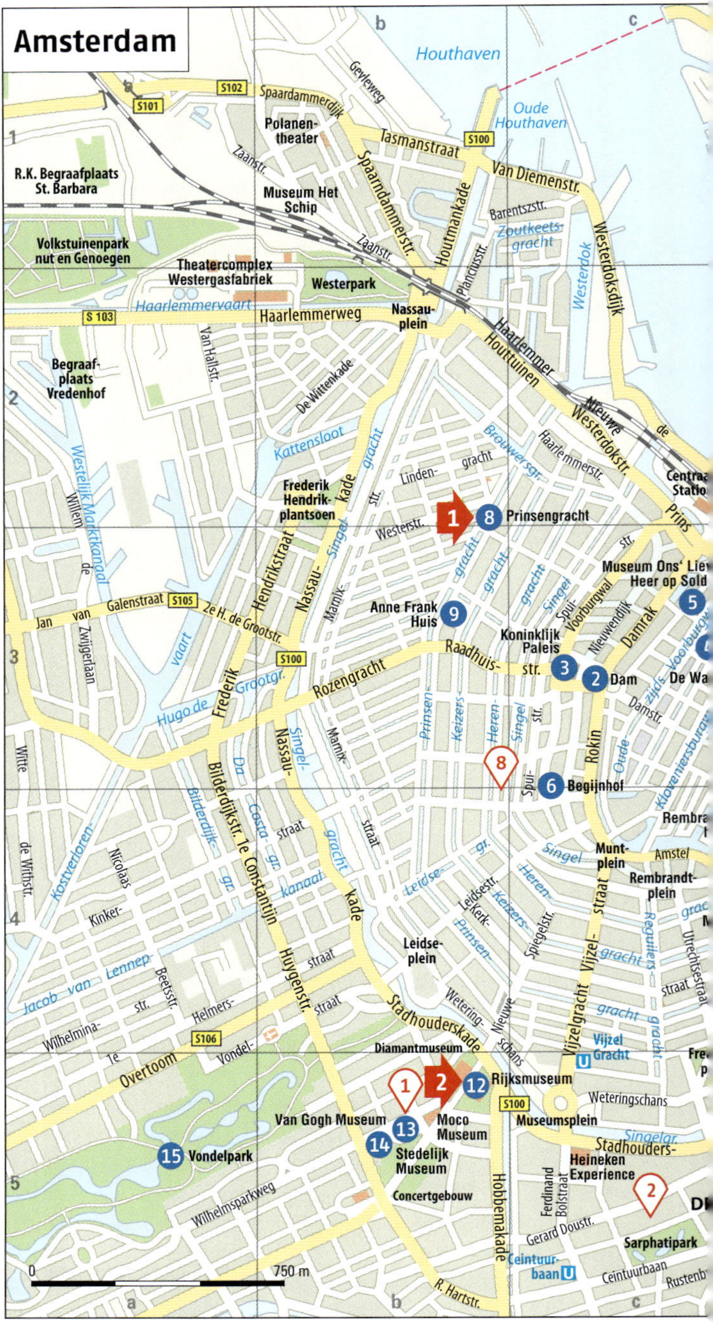

Amsterdam
Houthaven
Oude Houthaven
Spaardammerdijk
Geyleweg
Polanen-theater
Tasmanstraat
Van Diemenstr.
Zaanstr.
Museum Het Schip
Spaarndammerstr.
Houtmankade
Barentszstr.
Zoutkeetsgracht
Westerdok
Westerdoksdijk
R.K. Begraafplaats St. Barbara
Volkstuinenpark nut en Genoegen
Theatercomplex Westergasfabriek
Westerpark
Planciusstr.
Haarlemmervaart
Haarlemmerweg
Nassauplein
Haarlemmer Houttuinen
Begraafplaats Vredenhof
Van Hallstr.
De Wittenkade
Nieuwe Westerdokstr.
Haarlemmerstr.
Brouwersgr.
Kattensloot
Singelgracht
Lindengracht
Centraal Station
Frederik Hendrikplantsoen
Westerstr.
Prinsengracht
Prins
Westelijk Marktkanaal
Willem de Zwijgerlaan
Jan van Galenstraat
Hendrikstraat
Nassaukade
Marnixstr.
Anne Frank Huis
Museum Ons' Lieve Heer op Solder
Spui
Voorburgwal
Nieuwendijk
Damrak
Koninklijk Paleis
2e H. de Grootstr.
Raadhuisstr.
Dam
De Wa
Zijds Voorburgwal
Damstr.
Hugo de Grootgr.
Frederik
Rozengracht
Kloveniersburgwal
Prinsengr.
Keizersgr.
Herengr.
Singel
Rokin
Oude
Witte de Withstr.
Bilderdijkstr.
Bilderdijkgr.
Da Costa gr.
Da Costastraat
Marnixstraat
Spui
Begijnhof
Rembrandtplein
Muntplein
Amstel
Kostverlorenvaart
Nicolaas
Kinkerstraat
1e Constantijn Huygenstr.
Singelgracht
kanaal
Leidsegr.
Leidsestr.
Kerkstr.
Keizersgr.
Herengr.
Prinsengr.
Spiegelstr.
Vijzelstraat
Reguliersgracht
Utrechtsestraat
Jacob van Lennep
Beetsstr.
Leidseplein
Vijzelgracht
Helmersstraat
Wilhelminastr.
Stadhouderskade
Weteringschans
Nieuwe
Diamantmuseum
Vijzel Gracht
Overtoom
Vondelstraat
1e
Rijksmuseum
Weteringschans
Van Gogh Museum
Moco Museum
Museumsplein
Singelgr.
Stadhouders
Vondelpark
Stedelijk Museum
Heineken Experience
Concertgebouw
Hobbemakade
Ferdinand Bolstraat
Wilhelmsparkweg
Gerard Doustr.
Sarphatipark
Ceintuurbaan
Ceintuurbaan
Rustenb
R. Hartstr.
0
750 m
S100
S101
S102
S103
S105
S106
a
b
c
1
2
3
4
5

17 NDSM-werf (2 km)
Flora Park
Volewijkspark
S116
Nieuwe Leeuwarderweg
Meeuwarderweg
Waddenweg
Waddendijk
Nieuwe Purmerweg
Distelkade
Distelweg
Lavendelstr.
Heimansweg
Malvastr.
J. v. Hasseltweg
Nieuwendammerdijk
Adelaarsweg
Meeuwenlaan
W. H. Vliegenbos
Nieuwendammerkade
Meidoornplein
J. van Hasseltweg
Fazantenweg
J. van Hasseltweg
Vogelkade
Zamenhofstr.
Meidoornweg
Buiksloterkanaal
Noord-Hollandschkanaal
Meeuwenlaan
Schaafstr.
Gedempte Hamerkanaal
Motorkanaal
Motorwal
DAM Toren
Noordwal
Het IJ
IJ-Tunnel
Sumatrakade
Muziekgebouw
S100
kade
Bimhuis
Piet
Toek. Javabrug
Javakade
Java-Eiland
IJ-haven
KNSM Laan
STADSRIETLANDEN
Levantkade
Verbindingsdam
Ertshaven
HAVENS-OOST
NEMO
Dijksgracht
Handelskade
Heinkade
Oosterdokskade
Oosterdok
S116
Kattenbg. str.
Kattenburgervaart
Wittenburgervaart
J. F. van Hengelstr.
Scheepvaartmuseum
S114
Piet Heintunnel
Schans
ARCAM
Kattenbg.-gr.
C. van Eesterenlaan
Borneo-Eiland
Valkenburgerstr.
S100
Entrepothaven
Hoogte
Herengracht
Entrepotdok
Oostenbg.-gr.
Cruquiusweg
Plantage Parklaan
Plantage Doklaan
Nieuwe Vaart
Kadijk
Veelaan
Muiderstr.
Natura Artis Magistra
Nieuwevaart
Zeeburgerpad
Zeeburgerdijk
Zeeburgerdijk
Plantage Middenlaan
Sarphatistraat
Mauritskade
Molukkenstr.
Niasstr.
Keizersgr.
Kerkstr.
Nieuwe Prinsengr.
Weesperstraat
Plantage Muidergr.
Singelgracht
Dapperstr.
Pontanusstr.
Borneostr.
Javastraat
Javastr.
N. Achterstraat
Weesperpl.
Tropenmuseum
Dappermarkt
S100
Mauritskade
Insulindeweg
Bataviastr.
Linnaeusstraat
Muiderpoort
Celebesstr.
Kramatweg
Oosterpark
Sumatrastr.
Valentijnkade
Wibautstraat
Ruyschstraat
1e Oosterparkstr.
Polderweg
Linnaeuskade
Beukenweg
Tugelaweg
Hogeweg
Archimedeslaan
S113
Ringdijk
Copernicusstr.
Linnaeusparkweg
Amstel
S112
Transvaalkade
Middenweg
d
e
f
1
2
3
4
5

neben Gemälden von Zeitgenossen und Schülern auch etwa 250 Radierungen und einige Zeichnungen Rembrandts bewundern.
■ Jodenbreestraat 4, www.rembrandthuis.nl, tgl. 10–18 Uhr, 14 €, erm. 5 €

Im Blickpunkt

Die Niederländische Ostindien-Kompanie

Der Name klingt unverdächtig. Hinter der Bezeichnung Vereenigde Oostindische Compagnie (VOC) verbirgt sich aber, was von Wirtschaftsforschern als erstes global agierendes Unternehmen mit Niederlassungen in vielen Ländern eingestuft wird. 1602 gegründet, wuchs die VOC schnell zu einem Konzern, der sich Monopolrechte im Handel mit einem gigantischen Gebiet sicherte. Es reichte vom Kap der Guten Hoffnung bis nach Japan. Im Zentrum der Begehrlichkeiten standen zunächst exotische Gewürze wie Pfeffer, Zimt und Muskat. Später kamen Rohstoffe (vor allem Silber, Kupfer und tropische Edelhölzer), Opium und lebendige Tiere hinzu. Auch Kaffee, Tee, Zucker und Textilien erzielten in Europa hohe Preise. Die Niederländer übernahmen riesige Besitztümer, die der Kolonialisierung zahlreicher Länder den Weg bereiteten. Mit den im Goldenen Zeitalter erworbenen Reichtümern wurden weite Teile des Amsterdamer Grachtengürtels finanziert, doch auch andere Städte wie Middelburg oder Delft profitierten in starkem Maß davon.

Cafés

Café de Jaren Die Niederländer sind stolz auf ihre Grand Cafés – dieses hier gehört zu den schönsten. Die Tische an der Amstel sind bei gutem Wetter heftig umkämpft. ■ Nieuwe Doelenstraat 20–22, www.cafedejaren.nl, Tel. 020 6255771, So–Do 8.30–1, Fr, Sa bis 2 Uhr, Plan S. 22/23 c4

Einkaufen

Bloemenmarkt Auf dem schwimmenden Markt werden seit 1862 Blumen verkauft. ■ Singel 600–630, Mo–Sa 9–17.30, So 11.30–17.30 Uhr, Plan S. 22/23 c4

Magna Plaza In der ehemaligen Hauptpost vom Ende des 19. Jhs. kann man heute stilvoll shoppen. ■ Nieuwezijds Voorburgwal 182, www.magnaplaza.nl, tgl. 10–22 Uhr, Plan S. 22/23 c3

Kneipen, Bars und Clubs

Wynand Fockink Probierstube für Genever, die sich seit 1679 nur wenig verändert hat. Ausgeschenkt werden neben etlichen Wacholderschnapssorten auch Liköre mit fantasievollen Namen wie »Bruidstranen« (»Brauttränen«). ■ Pijlsteeg 31, Tel. 020 6392695, www.wynand-fockink.nl, tgl. 14–21 Uhr, Plan S. 22/23 c3

Grachtengürtel

Stolze Herrenhäuser spiegeln den Glanz des Goldenen Zeitalters wider

Als die prosperierende Handelsstadt Amsterdam zu Beginn des Goldenen Jahrhunderts aus allen Nähten platzte, fasste man 1613 den Beschluss für eine kühne Stadterweiterung: Nacheinander wurden mit Herengracht, Keizersgracht und Prinsengracht drei vornehme Wasserstraßen angelegt, an denen sich reiche Kaufmanns- und Bankiersfamilien niederließen. Einen Einblick in deren Alltag geben das Museum van Loon (www.museumvanloon.nl) und das Museum Willet-Holthuysen (www.willetholthuysen.nl). Ein ausgedehnter Spaziergang entlang der Grachten zählt zum Pflichtprogramm für alle Amsterdam-Neulinge. Besonders atmosphärisch ist er am Abend, wenn sich die Lichter der Wohnhäuser und Brücken im Wasser spiegeln.

Sehenswert

8 Prinsengracht

| Städtebauliches Ensemble |

1 *Von jeher eine der exklusivsten Wohnadressen der Stadt*

Die Prinsengracht ist mit 3,2 km nicht nur die längste, sie gilt auch als die schönste von Amsterdams drei Hauptwasserstraßen, die seit 2010 zum Weltkulturerbe der UNESCO zählen. Der Turm der Westerkerk überragt prächtige Stadtpaläste, in denen heute viele Banken, Versicherungen und Kanzleien Niederlassungen unterhalten.

9 Anne Frank Huis

| Geschichtsmuseum |

Im Hinterhaus der Prinsengracht 263 versteckten sich Anne Frank, ihre Schwester Margot und ihre Eltern gemeinsam mit vier weiteren Juden vor den Nationalsozialisten. Mehr als zwei Jahre blieb die deutsche Familie unentdeckt, weil der hintere Trakt des Gebäudes von außen unsichtbar war. Erst 1944 wurden sie verraten, verhaftet und schließlich deportiert. Helfern der Familie gelang es immerhin, das Tagebuch der kleinen Anne zu retten, das diese am 12. Juni 1942 zum 13. Geburtstag bekommen hatte – es ist zu einem Stück Weltliteratur geworden.

■ Prinsengracht 263, www.annefrank.org, April, Mai, Sept., Okt. tgl. 9–22, Juni–Aug. 8.30–22, Nov.–März 9–19, Sa 9–22 Uhr, 10,50 €, erm. 5,50 €, Tickets sind ausschließlich online erhältlich

10 Hermitage

| Kunstmuseum |

Die Dependance der St. Petersburger Eremitage im 1683 errichteten Amstelhof lockt mit Wechselausstellungen, die mit Exponaten aus dem Stammhaus bestückt werden.

■ Amstel 51, www.hermitage.nl, tgl. 10 bis 17 Uhr, je nach Ausstellung ab 15 €

11 Magere Brug

| Brücke |

Die weiß getünchte Holzbrücke über die Amstel ist herzzerreißend schön und wunderbar nostalgisch. Bei Bedarf lässt sie sich öffnen. Am Abend wird sie von 1200 Glühbirnen beleuchtet.

■ Amstel/Nieuwe Kerkstraat

Restaurants

€€ | **Haesje Claes** Traditionelle niederländische Küche in einem Haus, dessen Wurzeln bis ins Jahr 1520 zurückreichen. Serviert wird unter anderem das Nationalgericht »Hutspot«, ein Karotten-Zwiebel-Eintopf. ■ Spuistraat 273, Tel. 020 6249998, www.haesjeclaes.nl, tgl. 12–24 Uhr, Plan S. 22/23 c3

€€€ | **Spectrum** Michelin-besterntes Restaurant im Hotel Waldorf Astoria. Das Acht-Gänge-Menü ist ein kulinarischer Abenteuerparcours. ■ Herengracht 542–556, Tel. 020 7184643, www.restaurantspectrum.com, Di–Sa 18.30 bis 22 Uhr, Plan S. 22/23 c4

Einkaufen

Negen Straatjes In den neun Sträßchen existieren Edelboutiquen und Vintage-Stores friedlich nebeneinander. Cafés und Restaurants steigern den Wohlfühlfaktor noch weiter. ■ www.de9straatjes.nl, Plan S. 22/23 b3

Kneipen, Bars und Clubs

Brouwerij t'IJ Im Schatten einer Windmühle wird hausgebrautes Bier ausgeschenkt, dazu gibt's deftige Snacks. ■ Funenkade 7, Tel. 020 2619801, www.brouwerijhetij.nl, tgl. 14–20 Uhr, Plan S. 22/23 e4

Café Papeneiland Fliesen aus Delfter Blau, ein Kachelofen, Ölgemälde und Holzvertäfelungen sorgen in diesem Bruin Café für Behaglichkeit. ■ Prinsengracht 1, Tel. 020 6241989, www.papeneiland.nl, Mo–Do 10–1, Fr, Sa 10–3, So 12–1 Uhr, Plan S. 22/23 c2

ADAC Mittendrin

Bruin Cafés

Die Braunen Cafés sind in Amsterdam Institutionen des öffentlichen Lebens, Orte der Geselligkeit, wo man bei Pils und Jenever schnell ins Gespräch kommt – auch wenn man kein Einheimischer ist. Cafés wie das Papeneiland (s. o.) sind genau genommen Kneipen und ein Kontrastprogramm zu schicken Designerbars. Die Beleuchtung ist schummrig, Mobiliar und Wandvertäfelung bestehen aus dunklem Holz, auf Regalen stapeln sich Erinnerungsstücke. Die Niederländer finden das »gezellig«, also rundum gemütlich.

West/Jordaan

Trendige Boutiquen und traditionelle Cafés warten auf Entdeckung

In dem Gebiet zwischen Prinsen-, Brouwers-, Lijnbaans- und Leidsegracht lebten lange Zeit vorwiegend Arbeiter in schmalen Häuschen mit höchstens zweieinhalb Stockwerken. Erst in den 1980er-Jahren begannen Bohemiens und Neureiche das parallel zum Ausbau des Grachtengürtels entstandene Viertel für sich zu entdecken. Heute gehört der Jordaan zu den ersten Adressen der Stadt: Schmale Grachten, mit Rosenstöcken bepflanzte Gehwege, kleine Geschäfte, hippe Restaurants und Braune Cafés sorgen für urholländische Gemütlichkeit. Hinter der Westerstraat schließt sich der eher beschauliche Westen der Stadt an.

Restaurants

€–€€ | **Moeders** Holländische Wohlfühlküche wie zu (Groß-)Mutters Zeiten. Das kann »Stamppot« sein, aber auch frischer Nordseefisch. Erbsensuppe und Eis aus »Bitterkoekjes« (Mandelkekse) runden das Menü ab. ■ Rozengracht 251, Tel. 020 6267957, www.moeders.com, Mo–Fr 17–24, Sa, So 12–16, 17–24 Uhr, Plan S. 22/23 b3

Kneipen, Bars und Clubs

Café Nol Ein Amsterdamer Original: Aus den Lautsprechern schallen Discoklänge und Amsterdamer Schlager, das Bier fließt in Strömen und das gemischte Publikum aller Altersklassen ist auf angenehme Art kontaktfreudig. ■ Westerstraat 109, Tel. 020 6245380, www.cafenol.amsterdam, Mi, Do, So 21–3, Fr, Sa 21–4 Uhr, Plan S. 22/23 b2

Zuid/De Pijp

De Pijp wird auch das »Quartier Latin« von Amsterdam genannt

Jenseits des Grachtengürtels beginnt der gediegene Amsterdamer Süden. Am Museumplein liegen die drei berühmtesten Kunstmuseen der Stadt. Etwas weiter stadtauswärts befindet sich im Südosten De Pijp. Das einstige Arbeiterviertel rund um den Sarphatipark ist angesagt wie nie. Es punktet mit innovativer Architektur der Amsterdamer Schule, einem regen Nachtleben und dem größten Markt des Landes. Hier sind die Einheimischen noch weitgehend unter sich.

Sehenswert

1 Rijksmuseum

| Kunstmuseum |

2 *Meisterwerke aus der Blütezeit der niederländischen Malerei*

Die nationale Gemäldegalerie ist ein Museum von Weltformat. 80 Säle bieten Zugang zu einem Universum, in dem sich Meilensteine der Kunstgeschichte in atemberaubender Vielzahl gegenseitig übertrumpfen. Wer dieser Fülle gerecht werden möchte, sollte Zeit mitbringen. Die Investition wird mit dem Blick auf Werke von Rembrandt, Vermeer, Frans Hals oder Jan Steen belohnt, die jedes für sich einen Besuch wert wären. Wichtigstes Ausstellungsstück ist und bleibt Rembrandts »Nachtwache«, die 2019 vor den Augen der Öffentlichkeit im Museum restauriert wurde. Insgesamt zeigt das Museum rund 8000 Exponate in wechselnden Zusammenstellungen, neben Gemälden auch asiatische Kunst, Porzellan, Silber und Schmuck.

Im Blickpunkt

Das Goldene Zeitalter

Die »Nachtwache« ist nicht nur das berühmteste Gemälde Rembrandts, sondern auch ein Hauptwerk des 17. Jh. Das vielfigurige Schützenstück ist das Produkt einer beispiellosen Blütezeit, die als »Gouden Eeuw« in die niederländische Geschichte einging. Neben Rembrandt hoben Künstler wie Johannes Vermeer, Jan von Goyen oder Frans Hals die Porträt-, Landschafts- und Stilllebenmalerei auf ein zuvor nicht erreichtes Niveau. Auf dem Höhepunkt des Goldenen Zeitalters um 1650 sollen rund 700 Maler tätig gewesen sein, die pro Jahr etwa 70 000 Werke schufen. Neben Amsterdam waren auch Haarlem, Delft, Utrecht und Leiden Zentren der Kreativität. Beflügelt durch das Ende des Achtzigjährigen Krieges und finanziert durch die hohen Gewinne der Ostindien-Kompanie florierten nicht nur die Künste. Auch für Wissenschaft, Literatur, Musik und Architektur sollte die Epoche zu einem Meilenstein werden.

Das Gebäude selbst wurde 1885 eröffnet und wie Centraal Station von P. J. H. Cuypers entworfen, der eine Kathedrale für die Kunst realisieren wollte. Der große Erfolg des Museums hat auch Schattenseiten: Bis zu 10 000 Besucher pro Tag verursachen zuweilen lange Schlangen, die man vermeidet, indem man ein Onlineticket bucht.

■ Museumstraat 1, www.rijksmuseum.nl, tgl. 9–17 Uhr, 20 €, online 19 €, bis 18 Jahre Eintritt frei

2 Van Gogh Museum

| Kunstmuseum |

1 *Größte Sammlung von Werken des niederländischen Malers*

Während seines kurzen Lebens hat Vincent van Gogh (1853–1890) nur ein Gemälde und zwei Zeichnungen verkauft. Heute ist dem Niederländer ein eigenes Museum gewidmet, das zuletzt 1,5 Mio. Besucher jährlich zählte. Das 1973 eröffnete Haus besitzt mit über 200 Gemälden und 500 Zeichnungen die weltweit größte Sammlung von Werken des spätberufenen Künstlers, der erst im Alter von 27 Jahren mit dem Malen begann und fortan stark unter seiner eigenen Erfolglosigkeit litt. Im Vordergrund stehen die einzelnen Schaffensphasen, die vom Frühwerk mit seinen düsteren Farben und pastoralen Motiven bis zu den impulsiven Werken der späten Jahre in Arles reicht, wo van Gogh seinen farbenfrohen Stil perfektionierte und in fieberhaftem Tempo umsetzte.

■ Museumplein 6, www.vangoghmuseum.nl, tgl. 9–19, im Winter 9–17/18, Fr 9–21/22 Uhr, 19 €, bis 18 Jahre Eintritt frei, Einlass ohne Wartezeit mit Onlineticket

Gefällt Ihnen das?

Fans des Malergenies sollten neben dem **Van Gogh Museum** in Amsterdam auch das **Kröller-Müller Museum** (S. 101) im Nationalpark De Hoge Veluwe besuchen. Es besitzt die zweitgrößte Van-Gogh-Sammlung der Welt und ist längst nicht so voll. Das **Vincentre** in Nuenen (S. 84) versetzt auf sehr anschauliche Weise in die Lebenswelt des Ausnahmekünstlers.

3 Stedelijk Museum

| Kunstmuseum |

Angesichts der hochkarätigen Konkurrenz am Museumsplein steht das Stedelijk Museum etwas im Schatten. Dabei ist das Haus die erste Adresse für Moderne Kunst. 1895 als stadthistorisches Museum eröffnet, ist es heute die Heimat einer imposanten Sammlung, die von der beginnenden Moderne bis in die Gegenwart reicht. Niederländische Akzente setzt die Künstlergruppe De Stijl um Piet Mondrian, Gerrit Rietveld und Theo van Doesburg. Georg Baselitz, Markus Lüpertz und Anselm Kiefer vertreten die deutsche Gegenwartskunst. Über so viel Prominenz gerät bald in Vergessenheit, dass auch das ausklingende 19. Jh. einen festen Platz im Stedelijk hat – mit Werken von van Gogh, Picasso, Matisse oder Cézanne.

■ Museumplein 10, www.stedelijk.nl, tgl. 10–18, Fr 10–22 Uhr, 18,50 €, erm. 10 €, bis 18 Jahre Eintritt frei

4 Vondelpark

| Park |

Wenn die Amsterdamer Erholung suchen, steuern sie diesen Traum von einem Park an, der nach dem Dichter Joost van den Vondel (1587–1679) be-

nannt ist. Dank seiner großzügigen Ausdehnung wird der Park der Erwartungshaltung auch bei großem Andrang gerecht: Die Leute kommen hierhin zum Joggen, zum Walken und zum Fußballspielen. Müßiggänger nehmen auf den Wiesen ein ausgedehntes Sonnenbad, verliebte Pärchen schauen versonnen auf die vielen Gewässer und ganze Familien kommen zum Picknicken.
■ Haupteingang gegenüber Max Euweplein, www.vondelpark.com

Einkaufen

2 **Albert-Cuyp-Markt** Mit mehr als 260 Ständen ist der Markt nach eigenen Angaben der größte Wochenmarkt Europas. Neben frischem Fisch, Fleisch, Gemüse, Käse und Schnittblumen werden auch Kleidung und Haushaltswaren zum Verkauf angeboten. ■ Albert Cuypstraat, www.albertcuyp-markt.amsterdam, Mo–Sa 9–17 Uhr, Plan S. 22/23 c5

Konzerte

Paradiso Der schönste Konzertsaal der Niederlande befindet sich in einem Kirchengebäude. Gottesdienste haben hier nie stattgefunden, dafür standen von David Bowie über Nirvana bis zu Amy Winehouse so ziemlich alle Superstars auf der Bühne. ■ Weteringschans 6–8, Tel. 020 626 45 21, www.paradiso.nl, Plan S. 22/23 b4

Oost und Noord

Hafenflair und Kreativwerkstätten statt Grachtenromantik

Jenseits des historischen Zentrums zeigt sich Amsterdam von einer anderen Seite. Der Osten, zu weiten Teilen ein multikulturelles Wohngebiet, ist in Hafennähe zum Experimentierfeld für moderne Architektur geworden. Der industrielle Norden gibt sich kreativ mit Hausbootgalerien und Restaurants in alten Überseecontainern.

An warmen Tagen gibt es in Amsterdam kein schöneres Plätzchen als den Vondelpark

Sehenswert

5 A'DAM Toren

| Aussichtsturm |

3

Ehemalige Shell-Konzernzentrale, nun Abenteuerspielplatz

Nach langen Jahren des Leerstands wurde die ehemalige Zentrale von Shell erfolgreich in einen urbanen Erlebnispark mit Hotel, Restaurant, Tonstudio, Cocktailbar und Nachtclub umgewandelt. Vom Aussichtsdeck im 22. Stock bietet sich ein toller Rundumblick über die Stadt. Wagemutige können in 100 m Höhe auf einer riesigen Schaukel über den Rand der Plattform hinausschwingen.

■ Overhoeksplein 5, Tel. 020 242 01 00, www.adamlookout.com, tgl. 10–22 Uhr, Eintritt 13,50 €, Schaukel 5 €

6 NDSM-werf

| Kreativzentrum |

Wer sich auf der Rückseite von Centraal an Bord der Fähre 905 begibt, kommt in den Genuss einer kostenlosen Minikreuzfahrt. Diese führt in knapp 15 Minuten zunächst an den futuristischen Bauten des Westerdok vorbei, um am »Nederlandsche Dok en Scheepsbouw Maatschappij« zu enden. Rund um das ehemalige Werftgelände gibt Amsterdam sich jung und experimentierfreudig: In den frei zugänglichen Werfthallen haben Kreative Ateliers und Startups Think-Tanks eingerichtet, in einer bunten Containersiedlung leben Studenten. Auf dem Gelände finden regelmäßig Ausstellungen, Kulturevents und Flohmärkte statt. Immer mehr Restaurants und Cafés eröffnen, man kann in einem schwimmenden Hotel übernachten.

■ Mt. Ondinaweg (Anleger)

Nervenkitzel in 100 m Höhe: die Schaukel »Over the Edge« auf dem A'DAM Toren

Kneipen, Bars und Clubs

€–€€ | Pllek Extrem populäres Lokal in einem Ensemble ausgemusterter Schiffscontainer. Im Winter sorgt ein Kamin für Behaglichkeit, im Sommer begeistern Stadtstrand und Biergarten. An manchen Tagen legen DJs auf. ■ T.T. Neveritaweg 59, Tel. 020 290 00 20, www.pllek.nl, Mo–Do und So 9.30–1, Fr, Sa 9.30–3 Uhr

Erlebnisse

Grachtenrundfahrt Für Neulinge ein Muss und auch für Amsterdam-Veteranen nie langweilig: die Grachtenrundfahrt in den unverwechselbaren Booten. In den beiden Wasserbecken schräg gegenüber von Centraal Station sowie am Damrak liegen die Abfahrtsorte der meisten Reedereien. Die Standardtour dauert rund 1 Std. und gibt Gelegenheit, die historischen Bauten im Grachtengürtel mit der modernen Architektur am IJ-Ufer zu vergleichen.

ADAC Spartipp

I amsterdam City Card

Die »I amsterdam City Card« (www.iamsterdam.com) bietet freien Eintritt zu vielen Museen und Sehenswürdigkeiten, kostenlose Nutzung der öffentlichen Verkehrsmittel und eine Gratis-Grachtenrundfahrt.Sie ist bei den Touristeninformationen und GVB-Büros erhältlich für 24 Std. (60 €), 48 Std. (80 €), 72 Std. (95 €) oder 96 Std. (105 €).

■ u. a. Reederij Plas, Damrak 1–3, Tel. 020 624 54 06, www.rederijplas.nl; Reederij Kooij, Rokin 125, Tel. 020 623 38 10, www.rederijkooij.nl, ab 12 €

Ein unvergessliches Erlebnis ist eine private Grachtentour. Auf dem herrlich altmodischen Salonboot »Tourist« war 1946 schon Sir Winston Churchill unterwegs. ■ Tel. 065 147 54 42, www.salonboottourist.nl, Preise auf Anfrage

In der Umgebung

Zaanse Schans

| Freilichtmuseum |

4 *Einblicke ins ländliche Holland früherer Jahrhunderte*

Nostalgiker und Liebhaber von Holland-Klischees werden an der Zaanse Schans ihre Freude haben: Das Areal befindet sich etwa 20 km nordwestlich von Amsterdam an den Ufern des Flusses Zaan, wo sich an einer weiten Biegung der rare Anblick von fünf nebeneinander stehenden Windmühlen bietet. Rund um dieses Ensemble breitet sich eine Art Themenpark aus, der dem Erscheinungsbild der Niederlande im 17. und 18. Jh. gewidmet ist. Dazu gehören neben weiteren Mühlen auch traditionelle Handwerksbetriebe, der Nachbau des ersten Albert-Heijn-Geschäftes, Wohnhäuser sowie einige Museen. Das wichtigste ist das Zaans Museum, das einen unterhaltsam-informativen Überblick über die Region bietet, die als erstes Industriegebiet der Niederlande in die Geschichte eingegangen ist.

■ Schansend 7, Zaandam, www.dezaanseschans.nl, Infocentrum tgl. 9–17 Uhr, Gelände frei zugänglich, einzelne Attraktionen um 5 €, Zaanse Schans Card 15 €

2 Monnickendam

Kleine Stadt mit großer Geschichte und gut erhaltener historischer Architektur

Information

■ VVV, Zuideinde 2, Monnickendam, Tel. 0299 82 00 46, www.vvvwaterland.nl

Das Ijsselmeer ist Seglerrevier, doch auch für andere Besucher haben die kleinen Hafenstädtchen der ehemaligen Zuiderzee durchaus ihren Reiz. Das 10 000-Einwohner-Städtchen Monnickendam etwa, das bereits seit 1355 Stadtrechte besitzt, präsentiert sich als kleines Gesamtkunstwerk, das viele Niederlande-Klischees erfüllt: Winzige Giebelhäuser säumen geklinkerte Gassen wie De Zerken oder die Kerkstraat; wo es der Platz erlaubt, bereichern Blumenkästen oder Beete von der Größe einer Fußmatte das Stadtbild – als wäre dieses nicht auch so schon malerisch genug. Am Stadtrand erhebt sich die Grote of Sint-Nicolaaskerk über die Polderlandschaft. Zwischen Oude Zijds und Nieuwe Zijds Burgwal breitet sich ein Kanal aus, auf dem sanft die Boote schaukeln. Dieser wiederum geht nahtlos in den Hafen über, wo neben einschlägigen Lokalen auch noch einige Fischräuchereien anzutreffen sind.

Sehenswert

Waterlandmuseum De Speeltoren

| Geschichtsmuseum |

Kleines regionalgeschichtliches Museum, das im Rathausturm das älteste noch funktionierende Glockenspiel der Welt beherbergt. Das Carillon stammt aus dem 16. Jh. Auf dem Dachboden warten auf Kinder allerlei überraschende Entdeckungen.

■ Noordeinde 2–4, www.despeeltoren.nl, April–Okt. Di–So 11–17, Juli/Aug. auch Mo 13–17, Nov.–März Sa, So 11–17 Uhr, 5 €, erm. 2,50/3 €

3 Marken

3 *Die Insel wirkt wie ein Stück Holland aus dem Bilderbuch*

Wer Veränderungen nicht mochte, hatte ab 1932 auf Marken nicht viel zu lachen: Zunächst wurde den Fischern durch den Bau des Abschlussdeichs der direkte Zugang zur Nordsee genommen. 1957 hob die Fertigstellung eines weiteren Deichs auch noch den Inselstatus auf. Seitdem ist das Eiland mit seinen 1800 Einwohnern per Auto erreichbar – wovon nostalgisch veranlagte Touristen begeistert Gebrauch machen. Auf der nur 3,7 km² großen Insel erwarten sie ein Leuchtturm und ein Museum im Dorf rund um den alten Hafen. Charakteristisch sind die grün-weißen Holzhäuser, die einst alle auf Pfählen ruhten. Nach der Eindeichung der Zuiderzee wurden aber die meisten mit einem gemauerten Erdgeschoss versehen.

Restaurants

€–€€ | **De Taanketel** Das beliebte Lokal am Hafen macht mit einer kleinen, unprätentiösen Karte auf sich neugierig, die alle drei Monate wechselt. Auf die Fischsuppe und den Fisch des Tages ist Verlass. Bei gutem Wetter locken Tische im Freien. ■ Havenbuurt 1, Tel. 029 9602206, www.detaanketel.nl, April–Okt. So–Do 9–20, Fr, Sa 9–21, Nov. bis März tgl. 10–20 Uhr

Erlebnisse

Bootsfahrt mit dem Marken Express

Bei schönem Wetter sind die Bootstouren zwischen Marken und Volendam über die ehemalige Zuiderzee eine vergnügliche Zeitreise. ■ www.markenexpress.nl, Abfahrten Mai–Sept. tgl. 10.30–18.30 Uhr alle 30–45 Min., Fahrtdauer etwa 30 Min., Tickets ab 12,50 €, erm. 6,25 € (Hin- und Rückfahrt)

In der Umgebung

Volendam

| Fischerdorf |

Vom Markener Hafen fällt der Blick auf Volendam, das 6 km Luftlinie entfernt auf dem Festland liegt. Auch hier bereitete der Bau des Abschlussdeichs der kommerziellen Fischerei den Garaus, und so lebt man heute vorwiegend von der Folklore vergangener Tage: Fischerboote, grün gestrichene Holzhäuser und Trachten, die auch im kleinen Museum zu bewundern sind, prägen das Erscheinungsbild an Deich und Hafen. Geschäfte für »Klompen« und anderen Holland-Kitsch oder Poffertjes-Restaurants tragen auf ihre Weise zur Reputation Volendams als Touristenort bei.

Die Insel Marken gibt einen Eindruck vom ländlichen Holland vergangener Zeiten

4 Hoorn

Alte Lager- und Handelshäuser zeugen von der Blütezeit der Stadt im 16. Jh.

i Information

■ VVV, Schuitjeskade 1, Hoorn, Tel. 022 985 57 61, www.vvvhartvannoordholland.nl

Hoorn blickt auf eine große Seefahrervergangenheit zurück: Kapitän Willem Schouten brach 1616 von hier auf, um als Erster die Südspitze Südamerikas zu umrunden, die er Kap Hoorn taufte. Auch die Fahrten von Abel Tasman, der 1642 Neuseeland und Tasmanien entdeckte, nahmen im Hafen von Hoorn ihren Anfang. Bekanntester Sohn der Stadt ist Jan Pieterszoon Coen, der Begründer der Kolonie Niederländisch-Ostindien. Das nahezu unveränderte Zentrum von Hoorn ist jedoch wenigstens zum Teil noch älteren Ursprungs. Wer mit dem Boot ankommt, staunt über die formschöne Silhouette des 1532 errichteten Hoofdtoren, in dessen Schatten auch die Einheimischen gerne einen Aperitif einnehmen. Im sich anschließenden Hafenviertel flankieren uralte Patrizierhäuser, Kontore und Speicherbauten die örtlichen Kanäle.

Sehenswert

Westfries Museum

| Geschichtsmuseum |

Zeitreise ins Goldene Jahrhundert, als die Seefahrt Hoorn zu einem wohlhabenden Ort von internationaler Bedeutung machte. Die Ausstellung befindet sich in einem reich verzierten Giebelhaus von 1632.

■ Rode Steen 1, www.wfm.nl, Mo–Fr 11–17, Sa, So 13–17 Uhr, Nov.–März Mo geschl., 9 €, erm. 7,50 €

5 Enkhuizen

In dem Städtchen wird die Vergangenheit des Zuiderzee-Gebiets lebendig

Information

■ VVV, Tussen Twee Havens 1, Tel. 0228 313164, www.vvvhartvannoordholland.nl

Ähnlich wie Hoorn gehört auch Enkhuizen noch zum erweiterten Einzugsgebiet von Amsterdam. Das per Bahn gut an die Metropole angebundene 18 000-Einwohnerstädtchen lockt mit einem intakten Stadtbild und historischem Flair. Schon 1356 erhielt Enkhuizen Stadtrechte. Im 17. Jh. war der Hafen von zentraler Bedeutung für die Ostindien- und später auch für die Westindien-Kompanie. Es folgte der Aufstieg zum Standort der größten Heringsflotte. Noch vor dieser Zeit wurde das wichtigste Monument gebaut: Der doppeltürmige Drommedaris diente seit 1540 als südliches Stadttor. Enkhuizens Blütezeit dauerte nur bis 1650. Das trutzige Stadhuis entstand erst danach (1686–1688). Wertvolle Gobelins, Wand- und Deckengemälde schmücken die prächtigen Innenräume.

Sehenswert

Zuiderzeemuseum

| Freilichtmuseum |

Kaum ein Lebensraum hat sich durch menschlichen Einfluss so sehr verändert wie die einstige Zuiderzee. Unter freiem Himmel zeigt dieses Museum mit über 130 historischen Gebäuden und kostümiertem Personal, wie die Menschen hier vor Fertigstellung des Abschlussdeichs gelebt haben. In ganzjährig geöffneten Ausstellungsräumen werden wechselnde Aspekte vertieft.

■ Wierdijk 12–22, www.zuiderzeemuseum.nl, tgl. 10–17 Uhr, Freigelände April–Okt., 17 €, erm. 11 €, Parken 5 €

Eine weiße Zugbrücke markiert den Eingang zu Enkhuizens altem Hafen

Restaurants

€€ | **Onder de Wester** Freundliches Lokal in einem Giebelhaus gegenüber der Westerkerk. Auf den Teller kommen internationale Tapas, aber auch frischer Fisch. Nachmittags gibt es leckeren hausgemachten Apfelkuchen. ■ Westerstraat 113, Tel. 022 832 20 60, www.onderdewester.nl, Mi–So 11–23 Uhr

6 Texel

Wer die Nordseeinsel betritt, wähnt sich in einer anderen Welt

Information

■ VVV, Emmalaan 66, Den Burg, Tel. 022 231 47 41, www.texel.net

Dank der historischen Städte und der herrlichen Küstenlandschaften ist es ein Leichtes, von den Niederlanden zu schwärmen. Auf Texel aber kommt noch etwas hinzu, was im Rest des Landes eher selten ist: Nach 20 Minuten Überfahrt auf der Fähre verbreitet das Eiland ein Gefühl der Abgeschiedenheit. Zwischen den Deichen breiten sich saftige Wiesen aus, die von tiefenentspannten Schafen bevölkert werden. Die Strände im Westen sind ebenso makellos wie weitläufig. Und an der Ostküste definiert das Wattenmeer eine einzigartige Lebenswelt. Kurzum: Die größte Insel des Landes (knapp 14 000 Einwohner) eignet sich perfekt für einen Urlaub – und das keineswegs nur im Sommer. Besondere Magie entfaltet sie, wenn es regnerisch und stürmisch ist, dann unversehens der Himmel aufreißt und das Sonnenlicht die Umgebung auf dramatische Weise einfärbt.

Sehenswert

Den Hoorn

| Dorf |

Weit im Süden der Insel gelegen, verkörpert Den Hoorn das »alte Texel«. Weil der Ort (1000 Einwohner) auf der Loodmansduin, Texels höchster Düne, und somit einige Meter über dem Meeresspiegel liegt, war er von jeher eine bevorzugte Wohnlage. Die wenigen Straßen säumen alte Häuser mit Holzfassaden, die zum Teil von Walfängern und Schiffslotsen bewohnt wurden. Andere Bauten fallen durch ihre Reetdächer auf. Der schneeweiße Turm der 1646 gebauten Dorfkirche diente heimkehrenden Schiffen als Orientierungshilfe.

Den Burg

| Dorf |

Teils romantisches Dorf, teils geschäftiges Touristenstädtchen, teils Wohngebiet ohne Höhen und Tiefen, kann Den Burg (7000 Einwohner) in jeder Hinsicht Anspruch auf den Status als Inselhauptstadt erheben. Folgerichtig ist hier auch das Einkaufsangebot am größten. Am schönsten gibt sich Den Burg in der malerischen Gravenstraat, wo sich eine lebendige Gastroszene entwickelt hat. Auf dem Steenenplaats treffen sich Einheimische und Touristen zum »borrelen«. Darunter verstehen die Holländer den feierlichen Konsum von Bier oder Wein in Begleitung von Bitterballen oder einer Käseplatte am ausklingenden Nachmittag. Kenner bestellen ein »Skuumkoppe«, das auf der Insel gebraute Bier. Rund um den Ort werden die Deichwiesenlämmer gezüchtet, deren zartes Fleisch in Gourmetrestaurants im ganzen Land als Delikatesse gehandelt wird.

De Koog

| Badeort |

In De Koog sind die Dünen gerade breit genug, um ausreichend Schutz vor den Fluten der Nordsee zu bieten. Gleichzeitig sind sie nicht zu breit, um den Status als einzigen wahren Küstenort der Insel in Frage zu stellen. In der Saison konzentriert sich dort entsprechend alles, was mit Souvenirs und Urlaubsbedarf, eher anspruchsloser Gastronomie und Nachtleben zu tun hat. Auf dem Strand konkurrieren die typisch niederländischen Pavillons um die Gunst der Gäste. Alle erdenklichen Wassersportarten von Segeln bis Surfen sind im Angebot.

Vuurtoren

| Leuchtturm |

De Cocksdorp, das nördlichste Dorf der Insel, lebt vor allem von Campingplätzen, einem Feriendorf und einem Golfplatz. Es wäre nicht weiter erwähnenswert, stünde nicht 2 km nördlich Texels Wahrzeichen: der Vuurtoren, ein roter Leuchtturm, der 1864 vollendet wurde und 35 m in den Himmel ragt. Für den Aufstieg über 153 Stufen belohnt ein weiter Blick über die Nachbarinseln bis zum Festland.
■ www.vuurtorentexel.nl, tgl. 10–17 Uhr, Nov.–Mitte Febr. nur Mi, Sa, So, 4,50 €

Oudeschild

| Fischerdorf |

Auf der geschützten Seite der Insel ist Oudeschild Sitz der immer noch ansehnlichen Fischereiflotte Texels. Der einzige Hafen des Eilands ist zugleich eine gute Adresse für den Verzehr von Fisch, wie ihn die Holländer mögen: frittiert mit Remoulade oder als Belag für weiche Brötchen. Eine Windmühle überragt die Deichkrone.

Verkehrsmittel

Die Überfahrt von Den Helder nach Texel dauert 20 Min. Die Schiffe legen je nach Verkehr alle 30–60 Min. ab. Tickets (Retourticket pro Fahrzeug mit Insassen Fr–Mo 37 €, Di–Do 25 €) können über Angabe des Nummernschilds reserviert werden (www.teso.nl). Etwa 10 Gehminuten vom Fährterminal gibt es kostenlose Parkplätze.

Restaurants

€ | **Catharinahoeve** Sehr gemütliches Familienlokal in einem rustikalen Bauernhof. Tolle Pfannkuchen mit Lammschinken aus Texel. ■ Rozendijk 17, Den Burg, Tel. 022 2312156, www.catharinahoeve-texel.nl, Mi–Mo 10–21 Uhr

5 €–€€ | **Paal 17** Dieses Lokal findet regelmäßig Erwähnung bei Auflistungen der besten Strandpavillons des Landes. ■ Ruijslaan 94–96, De Koog, Tel. 022 231 76 14, www.paal17.com, März–Okt. tgl. ab 10, sonst ab 11 Uhr

€€ | **Visrestaurant 't Pakhuus** Frischer Fisch mit Blick auf den einzigen Inselhafen: Das Restaurant in einem ehemaligen Lagerhaus erfreut mit bezahlbaren Dreigangmenüs. ■ Haven 8, Oudeschild, Tel. 022 2313581, www.pakhuus.com, tgl. ab 11.30 Uhr

€€€ | **Bij Jef** Inselküche auf höchstem Niveau, mit Michelin-Stern. ■ Herenstraat 34–36, Den Hoorn, Tel. 022 2319623, www.bijjef.nl, Sommer Mo ab 17, Di–Fr ab 18, Sa ab 19 Uhr, Winter Mi–So

Kinder

Wattenmeerzentrum Ecomare Die Seehunde standen im Wattenmeer kurz vor dem Aussterben. Mittlerweile gehört ihr Anblick wieder zur Normalität. Die großartigen Schwimmer mit dem treuen Blick bevölkern unter anderem eine Sandbank zwischen Texel und Vlieland, die sie sich mit Kegelrobben teilen. An der wiedererstarkten Population hat auch Ecomare seinen Anteil. Hier werden geschwächte oder kranke Tiere mit dem Ziel gepflegt, sie so bald wie möglich wieder auszuwildern. Kinder können neben Seehunden auch Seevögel, Schweinswale, Fische und andere Meerestiere ganz aus der Nähe betrachten und zu bestimmten Zeiten auch an den Fütterungen teilnehmen. ■ Ruijslaan 92, Tel. 022 2317741, www.ecomare.nl, tgl. 9.30–17 Uhr, 13,50 €, erm. 9,50 €

Erlebnisse

Ausflug zu den Robben 90-minütige Touren auf dem rustikalen Kahn »De Vriendschap« führen zu Sandbänken, auf denen sich Seehunde und Kegelrobben fläzen. Herrlich altmodisch und unbedingt lohnend. ■ De Noorman, Volharding 2a, De Cocksdorp, Tel. 022 231 6451, www.waddenveer.nl, Zeiten tideabhängig, 15 €, erm. 11 €

Wandern

De Slufter Im Nordwesten der Insel durchbrach das Meer 1851 den Deich. Damals beschloss man, der Natur das rund 700 ha große Gebiet zurückzugeben. Seitdem füttern die Gezeiten hier Priele, deren Brackwasser einen wertvollen Lebensraum für Garnelen, Fische und Vögel darstellt. Ein herrliches Revier auch für Wanderungen, die vom Ecomare organisiert werden. De Slufter ist Teil des Nationalparks Duinen van Texel, ein Dünenstreifen, der sich über weite Teile der Westküste ausbreitet und auch auf eigene Faust erkundet werden kann. ■ www.npduinenvantexel.nl

Bei De Cocksdorp wacht der wuchtige, rote Vuurtoren über die Nordsee

7 Bergen

Zauberhaftes Künstlerdorf mit Anbindung an eine besondere Landschaft

Information

■ VVV, Hoflaan 26, Tel. 072 589 89 27, www.vvvhartvannoordholland.nl

Das Licht und das Meer. Beides in Kombination hat schon in den Anfangstagen des Tourismus dafür gesorgt, dass Bergen nicht nur Urlauber, sondern auch Künstler anzog. Vielleicht war es aber auch die ungewöhnliche Umgebung des zweigeteilten Ortes, der an der Küste eher unscheinbar als Bergen aan Zee auftritt, um sich 6 km landeinwärts in Bergen-Binnen von seiner mondänen Seite zu zeigen. Dazwischen erhebt sich mit dem Noordhollands Duinreservaat die vielleicht schönste Küstenlandschaft der Niederlande. Die Dünen erreichen hier Höhen, die den Namen der angrenzenden Ortschaft ein bisschen leichter verständlich macht. Im Ort fallen neben der romantischen Chorruine vor allem die extravaganten Bauten der Amsterdamer Schule auf.

Wer lange Strandspaziergänge liebt, ist in Bergen aan Zee richtig

Sehenswert

Park Meerwijk

| Moderne Architektur |

Rund um den Park Meerwijk errichteten vier junge Amsterdamer Architekten 1917/18 17 frei stehende Villen, die mit ihrer skulpturalen Erscheinungsform zum Manifest der Amsterdamer Schule werden sollten. Die Bauten sind nur von außen zu besichtigen.
■ Lijtweg/Studler van Surcklaan

Restaurants

€ | **Strandpaviljoen Evi** Gut besuchtes Strandlokal mit einwandfreien Drinks und gehobener Imbissküche, im Sommer auch Vermietung von Strandhäuschen. ■ Van der Wijckplein 14b, Tel. 072 5825204, www.strandpaviljoenevi.nl, ganzjährig tgl. 10–20 Uhr

Kinder

6 **Schoorlse Duinen** Kids können das von kleinen Wäldchen und Heideflächen durchsetzte Schutzgebiet auf dem Klabauterpfad erkunden oder auf der Kletterdüne am Rand des Dorfs Schoorl herumtoben, die eine Höhe von 54 m erreicht. Von den Tischen der Cafés zu ihren Füßen haben Eltern das Geschehen im Blick. ■ Infozentrum Het Zandspoor, Oorsprongweg 1, Tel. 072 509 33 52, tgl. 10–17 Uhr, Kletterdüne Duinvoetweg, Schoorl

Sport

Noordhollands Duinreservaat Zwischen Bergen und Wijk an Zee erstreckt sich dieses Schutzgebiet, das von einem umfangreichen Radwegenetz erschlossen wird – Drahtesel leihen und ab in die Dünen! Auch Ausritte zu Pferd sind hier möglich. ■ Tageskarte Dünenreservat 1,80 €, Wochenkarte 5,50 €, Verkauf an Automaten; Radverleih Busker Fietsen, Kerkstraat 1, Bergen, Tel. 072 589 51 96, www.busker fietsen.nl, ab 9,50 € pro Tag

8 Alkmaar

Neben dem Käsemarkt hat die Stadt auch über 400 Baudenkmäler zu bieten

Information

■ VVV, Waagplein 2, Tel. 072 511 42 84, www.vvvhartvannoordholland.nl

Das hübsche Städtchen Alkmaar besitzt schon seit 1365 eine Käsewaage; der erste Käsemarkt fand im Jahr 1593 statt. Die kaufmännischen Rituale wurden ab 1619 von einer Käseträgergilde begleitet, die auch heute noch in Erscheinung tritt. Das traditionsreiche Ereignis – inzwischen nur noch Folklore – zieht Besucherscharen an und ist für Alkmaar zu einem derart effektiven Aushängeschild geworden, dass die anderen Vorzüge der Stadt zuweilen übersehen werden. Das ist bedauerlich, denn Alkmaar erfreut Besucher mit einem intakten altholländischen Stadtbild. Allein in der vom Singel eingerahmten Altstadt konzentrieren sich knapp 400 Denkmäler – darunter Wohn- und Gildehäuser, Speicherbauten, Kirchen und Brücken.

Sehenswert

Beatles-Museum
| Museum |
Der Privatier Azing Moltmaker zeigt auf 1200 m² die nach eigener Auskunft größte Privatsammlung mit Exponaten von und über die vier Pilzköpfe aus Liverpool. Es war 1981 das erste Museum, das der Band gewidmet war – die Heimatstadt zog erst viel später nach.
■ Pettemerstraat 12a, Alkmaar, www.beatlesmuseum.nl, Di–Sa 11–16.30, So, Mo 12–16.30 Uhr, 5 €

Kaasmarkt
| Historisches Spektakel |
Während der Saison wird der Käsehandel vergangener Tage mit viel Aufwand zu neuem Leben erweckt. Auf dem Platz hinter der Stadtwaage bieten Stände Käsesnacks an.
■ Waagplein, www.kaasmarkt.nl, Ende März–Ende Sept. Fr 10–13, Juli, Aug. auch Di 19–21 Uhr

Hollands Kaasmuseum
| Käsemuseum |
1582 wandelte man die mittelalterliche Heiliggeistkapelle in eine Waage um. Das prächtige Renaissancebauwerk

ADAC Wussten Sie schon?

Exportschlager Käse

880 Mio. kg Käse wird jedes Jahr in den Niederlanden produziert, von 1,7 Mio. dort auf den Wiesen weidenden Milchkühen. 65 % dieser Menge wird exportiert – der durchschnittliche Niederländer verzehrt nämlich »nur« 19 kg Käse pro Jahr. In Deutschland liegt der Pro-Kopf-Verbrauch bei knapp über 24 kg.

beherbergt heute ein Museum, das mit historischen Gerätschaften über die Herstellung von Käse informiert.

■ Waagplein 2, www.kaasmuseum.nl, April–Okt., Frühlings-, Weihnachtsferien tgl. 10–16, Nov.–März Sa 10–16, Ostern, Pfingsten 10.30–13.30 Uhr, 5 €, erm. 2 €

Kneipen, Bars und Clubs

Proeflokaal De Boom Probierstube mit eigenem Biermuseum im Keller; im Sommer wird an manchen Abenden auf der schwimmenden Terrasse gegrillt. ■ Houttil 1, Tel. 072 5115547, www.proeflokaaldeboom.nl, Mo 14–24, Di, Mi, So 13–24, Do, Fr 13–2, Sa 11–2.30 Uhr

9 Nationaal Park Zuid-Kennemerland

5 *Naturbelassene Dünenlandschaft mit Strand und Badesee*

Information

■ Besucherzentrum De Kennemerduinen mit Ausstellung, Zeeweg 12, Overveen, Tel. 023 5411123, www.np-zuidkennemerland.nl, Di–So 10–17 Uhr

Der Nationalpark schützt den Küstenstreifen zwischen Bloemendaal, Overveen, Haarlem und Ijmuiden vor dem Zugriff von Investoren. Auf 38 km² darf die Küstenlandschaft so bleiben, wie sie sich schon seit Jahrhunderten präsentiert. Breite Strände gehen in junge Dünen über, auf denen größere Gewächse zunächst keinen Halt finden. Erst weiter landeinwärts gedeihen auch Schwarztannen und andere Bäume, Richtung Haarlem wird der Wald zunehmend dichter. Für noch mehr Abwechslung sorgen in dem abwechslungsreichen Outdoorrevier mehrere (künstliche) Seen, von denen Het Wed sogar als Badesee fungiert. Auch Radfahrer und Wanderer finden attraktive Möglichkeiten für Touren unterschiedlicher Länge.

10 Zandvoort aan Zee

Der Badeort ist Amsterdams Zugang zur Nordsee

Information

■ VVV, Swaluestraat 1, Tel. 023 5717947, www.vvvzandvoort.de

Mit der Bahn gelangt man von der Hauptstadt aus in weniger als 30 Minuten nach Zandvoort. Entsprechend voll werden die Strände und Pavillons, sobald sich die Sonne für mehr als nur einen Kurzauftritt ankündigt. Während der Strandboulevard von einigen Türmen entstellt ist, die man so heute nicht mehr bauen würde, geben sich Straßen wie die Brederodestraat sehr charmant. Hier erfreuen die Häuser mit gepflegten Vorgärten und bunten Markisen. In den frühen 1950er-Jahren war man sorglos genug, den Bau der bekannten Rennstrecke in den Dünen zu genehmigen.

Sehenswert

Circuit Park Zandvoort
| Rennstrecke |
Traditionsreiche Formel-1-Rennstrecke, die 2020 erstmals seit 1985 wieder in den Formel-1-Kalender aufgenommen wurde. Wenn gerade keine Veranstaltung stattfindet, können Geschwindig-

Eines der schönsten Dünengebiete Europas: der Nationalpark Zuid-Kennemerland

keitsfreaks einen Tag lang selbst die schönsten und schnellsten Autos fahren – auf Wunsch auch in Begleitung eines Profis.

■ In den Dünen nördl. von Zandvoort, Tel. 023 574 07 40, www.circuitzandvoort.nl

Restaurants

€€ | Thalassa 18 Toller Strandpavillon mit aufmerksamem Personal und leckeren Snacks. Gute Fischgerichte wie z. B. Hering mit Roter Beete. ■ Boulevard Barnaart, Strandzugang 18, Tel. 023 571 56 60, www.thalassa18.nl, Mo–Fr 9.30–24, Sa, So 9–24 Uhr

Einkaufen

Markt Zandvoort Auf dem Wochenmarkt im Zentrum werden Obst und Gemüse, Käse, Fisch, Blumen, Pflanzen und Kleidung verkauft. ■ Groot Knocht und Raadhuisplein, Mi 8–16.30 Uhr

11 Haarlem

7 *Kleine Version einer Großstadt mit herrlich holländischem Stadtbild*

Information

■ VVV, Grote Markt 2, Tel. 023 531 73 25, www.visithaarlem.com

■ Parken s. S. 43

Im Westen die Nordsee und ein Nationalpark mit intakten Dünenlandschaften, keine 20 km östlich die Hauptstadt Amsterdam – viel attraktiver kann ein Ort nicht gelegen sein. Für viele Niederländer ist Haarlem so etwas wie die perfekte Stadt: nicht zu klein, nicht zu groß und nicht zu voll. Darüber hinaus gesegnet mit einem Stadtbild, zu dem neben alter Bausubstanz auch malerische Wasserstraßen und enge Gassen gehören. Wahrzeichen der Stadt ist die Kathedrale St. Bavo, die den Grote

Markt überragt. Typisch für Haarlem sind die »Hofjes« – die mittelalterlichen Wohnanlagen gelten als Vorläufer des sozialen Wohnungsbaus der Gegenwart (Lageplan auf der Website des VVV). Generell ist Haarlem aber am schönsten, wenn man sich einfach treiben lässt. Romantiker flanieren an den Ufern der Spaarne oder suchen das Viertel De Vijfhoek mit seinen kleinen Häuschen, engen Gassen und vielen Blumen auf, Shopping-Fans zieht es in die Gouden Straatjes.

Sehenswert

Molen de Adriaan

| Windmühle |

Malerisch an den Ufern der Spaarne gelegen, ist diese Holländerwindmühle ein beliebtes Fotomotiv. Es handelt sich um die Rekonstruktion eines Baus von 1778. Im Inneren informieren Ausstellungen über stadtgeschichtliche Themen und die Funktionsweise von Mühlen, zu bestimmten Terminen finden Mahlvorführungen statt. Von der 12 m hohen Galerie bietet sich ein schöner Blick über Haarlem.

■ Papentorenvest 1a, www.molenadriaan.nl, März–Okt. Mo–Fr 13–17, Sa, So 10.30–17, Nov.–Febr. Mo, Fr 13–16.30, Sa, So 10.30 bis 16.30 Uhr, 5 €, erm. 2 €

Frans Hals Museum

| Kunstmuseum |

Geht es um die bedeutendsten niederländischen Maler des Goldenen Zeitalters, wird Frans Hals (1580/85 bis 1666) in einem Atemzug mit Peter Paul Rubens genannt. Als Vorsitzender der Haarlemer Malergilde war er schon zu Lebzeiten für seine repräsentativen Gruppenporträts berühmt. Das ihm gewidmete Museum befindet sich in einem ehemaligen Altmännerhaus und wirft einen Blick auf die gesamte Epoche. Am Grote Markt betreibt das Mu-

Der Grote Markt mit seinen vielen Straßencafés ist Haarlems gute Stube

seum mit De Hallen eine Dependance für zeitgenössische Kunst.

■ Groot Heiligland 62, www.franshals museum.nl, Di–Sa 11–17, So 12–17 Uhr, 16 €, erm. 13/8 €

Grote Markt

| Platz |

Der Grote Markt ist der Mittelpunkt der Altstadt. Er wird dominiert von der spätgotischen St. Bavo-Kirche mit ihrem 78 m hohen Vierungsturm und einer Orgel, auf der schon Händel und Mozart spielten. Weitere markante Gebäude sind das Stadhuis, die Hoofdwacht (Hauptwache) und das Ensemble De Hallen, bestehend aus der Vleeshal und der Verweyhal.

Teylers Museum

| Naturkundemuseum |

Das älteste Museum der Niederlande wurde schon 1784 eröffnet, als Stiftung des reichen Tuchhändlers Pieter Texler, der sich für Kunst und Naturwissenschaften interessierte. Die Sammlung umfasst neben Fossilien, Mineralien und physikalischen Geräten auch Gemälde und Zeichnungen u. a. von Raffael und Michelangelo. Auf dem Belvedere des tempelartigen Gebäudes befindet sich ein Observatorium.

■ Spaarne 16, www.teylersmuseum.nl, Di–Fr 10–17, Sa, So 11–17 Uhr, 14 €, erm. 8/2 €

P Parken

Im Zentrum gibt es nur wenige Parkplätze auf den Straßen (Mo–Sa 9–23, So und Fei 13–23 Uhr, 4,50/Std.). Am besten stellt man den Pkw in einem Parkhaus ab. Zentral gelegen ist De Appelaar (Damstraat 12, www.parkeren-haarlem.nl).

Restaurants

€–€€ | Jopenkerk Brauerei, deren Ausschank sich in einer ehemaligen Kirche befindet. Angeschlossen sind ein Grand Café und ein Restaurant mit regionaler Küche. ■ Gedempte Voldersgracht 2, Tel. 023 5334114, www.jopenkerk.nl, tgl. 10–1 Uhr

Cafés

€ | Hofje Zonder Zorgen Wunderschönes Café in einem Gebäude des 15. Jh. mit Blick auf eine alte Hofanlage. Stilvoller High Tea. ■ Grote Houtstraat 142a, Tel. 023 5310607, www.hofjezonderzorgen.nl, So–Fr 10–17, Sa 10–18 Uhr

Einkaufen

Drogerie Van der Pigge 1849 eröffnet, hat sich dieses Geschäft bis heute kaum verändert. Zum Sortiment gehören neben Drogerieartikeln auch Süßigkeiten und Gewürze. ■ Gierstraat 3, Tel. 023 531 2454, www.vanderpigge.nl

Gouden Straatjes Die »Goldenen Sträßchen« in der Altstadt wurden mehrmals zum attraktivsten Shoppingrevier der Niederlande gewählt. Concept Stores, Design- und Vintage-Shops laden zum Stöbern ein. ■ Kleine Houtstraat, Schagchelstraat, Warmoestraat, Gierstraat, Koningsstraat, Zijlstraat

Kneipen, Bars und Clubs

Proeflokaal In den Uiver Traditionelle Bierstube in einem ehemaligen Fischgeschäft. Die Einrichtung besteht aus nostalgischen Andenken an die glamouröse Zeit des Fliegens. ■ Riviervismarkt 13, Tel. 023 5325399, www.indenuiver.nl, tgl. ab 16 Uhr

Übernachten

Jeder sucht in Amsterdam das günstige, schicke, ruhige und doch zentral gelegene Hotel – weshalb es an solchen Unterkünften mangelt. Wer die Vorzüge der Stadt genießen möchte, kommt an gewissen Ausgaben nicht vorbei – mit ein bisschen Glück halten sich diese aber in Grenzen. Auch am Ijsselmeer und auf Texel kann es zu Engpässen kommen. Rechtzeitige Buchung hilft!

Amsterdam 18

€–€€ | **The Student Hotel** Minimalistische Herberge in den einstigen Redaktionsräumen der Tageszeitung »Trouw«. Das clever konzipierte Haus dient als Hotel und Studentenwohnheim zugleich, mit der U-Bahn sind es nur wenige Minuten in die City. ■ Wibautstraat 129, Tel. 020 214 99 99, www.thestudenthotel.com

€€ | **Tropen Hotel** Recht einfaches, aber komfortables Hochhaushotel im angesagten Stadtteil Oost. Die Zimmer in den oberen Etagen bieten einen schönen Blick. Tropenmuseum, Oosterpark und die Straßenbahnhaltestelle sind direkt vor der Tür, großer privater Parkplatz (25 € pro Tag). ■ Linnaeusstraat 2c, Tel. 020 692 5111, www.amsterdamtropenhotel.com

8 €€–€€€ | **Hotel Ambassade** Eigentümergeführtes Hotel im Grachtengürtel, verteilt auf zehn historische Bauten. Zum Interieur gehören eine exquisite Sammlung moderner Kunst und eine Bibliothek mit mehr als 3000 handsignierten Bänden. Der Grund dafür: Niederländische Verlagshäuser bringen hier bei Lesungen ihre Autoren unter. Die Standardzimmer sind in der Nebensaison relativ preiswert. ■ Herengracht 341, Tel. 020 555 02 22, www.ambassade-hotel.nl

€€–€€€ | **INK Hotel Amsterdam – MGallery by Sofitel** Der Nieuwezijds Voorburgwal war bis in die 1970er-Jahre so etwas wie die Fleet Street Amsterdams. In den ehemaligen Redaktionsräumen der Tageszeitung »De Tijd« hat 2015 dieses Hotel eröffnet, in dem das Thema Printmedien, wo immer möglich, auf verspielte Weise aufgegriffen wird. Ein originelles Haus mit komfortablen Zimmern. ■ Nieuwezijds Voorburgwal 67, Tel. 020 627 59 00, www.sofitel.com

€€€ | **Amrath** Prächtiges Hotel im ehemaligen Schifffahrtshaus. Das mit vielen Art-déco-Elementen ausgestattete Haus wurde 1916 als Hauptsitz von sechs Reedereien fertiggestellt und war das erste ganz im Stil der Amsterdamer Schule errichtete Bauwerk. 205 Zimmer und Suiten mit großen Fenstern und hohen Decken ■ Prins Hendrikkade 108, Tel. 020 552 00 00, www.amrathamsterdam.com

€€€ | **Okura** Einzigartige Luxusadresse im hippen Stadtteil De Pijp: Die drei Restaurants (französische, japanische und internationale Küche) bringen es zusammen auf vier Michelin-Sterne. In der 23rd Bar im 23. Stock genießt man exzellente Cocktails bei einem unvergleichlichen Rundblick über die Stadt. ■ Ferdinand Bolstraat 333, Tel. 020 678 71 11, www.okura.nl

Monnickendam 31

€€–€€€ | Suitehotel Posthoorn Entzückendes Boutiquehotel in einem historischen Giebelhaus im Zentrum. Die Zimmer überzeugen mit einem Mix aus Modernität und historischem Charme. ■ Noordeinde 43, Tel. 029 9654598, www.posthoorn.eu

Enkhuizen 34

€–€€ | De Koepoort Freundliches Haus mit zweckmäßigen Zimmern und bequemen Betten am alten Stadttor. Mit Lounge-Bar, Terrasse und Fahrradverleih. ■ Westerstraat 294, Tel. 022 831 4966, www.hoteldekoepoort.com

Texel 35

€–€€ | Vakantiecentrum Dennenoord Ferienpark mit zweckmäßigen, aber durchaus gemütlichen Bungalows, guter Infrastruktur, saisonaler Kinderanimation und neuem Indoorspielplatz. Zwischen De Koog und Den Burg am Waldrand gelegenen. ■ Grensweg 106, Den Burg, Tel. 022 231 2423, www.dennenoord.com

€€–€€€ | Boutique Hotel Texel Ebenso modernes wie gemütliches Hotel im Norden Texels. In Küche und Spa liegt der Fokus auf der Insel und ihren Produkten.. Statt Wellness etwa gibt es hier »Woolness«, worunter z. B. eine Schafsmilchmassage oder ein Wollbad zu verstehen sind. ■ Postweg 134, De Cocksdorp, Tel. 022 231 1237, www.hoteltexel.de

Bergen 38

€–€€ | Boschlust Familiengeführtes Hotel am Ortsrand mit frisch renovierten, hell und freundlich gestalteten Apartments, schönen Aufenthaltsräumen und einladendem Garten. Gratis-Parkplätze. ■ Kruisweg 60, Tel. 072 581 2060, www.boschlust.nl

Haarlem 41

€€ | Brasss Großzügige Suiten in einem entkernten Warenhaus von 1899 nicht weit vom Grote Markt. Im Haus Brasserie-Restaurant mit französisch-niederländischer Küche. ■ Korte Veertstraat 4, Tel. 023 5427804, www.brasss-hotelsuites.nl

ADAC Das besondere Hotel

Camping de Lakens Auf diesem Campingplatz im Nationalpark Zuid-Kennemerland werden neben Bungalows und Glamping-Zelten auch umgebaute Streamliner und ein alter Schulbus vermietet. Die Lage in den Dünen des Nationalparks könnte besser nicht sein.

€–€€ | Zeeweg 60, Bloemendaal aan Zee 31, Tel. 023 5411570, www.campingdelakens.nl

Zuid-Holland und Zeeland

Neben dynamischen Metropolen und atmosphärischen Kleinstädten findet sich hier vieles, was das klassische Holland-Bild geprägt hat

Das Architektur-Laboratorium Rotterdam, Den Haag als vornehmer Regierungssitz, romantische Städtchen wie Delft, Leiden und Gouda. Urholländisches wie die Tulpenfelder entlang der Bollenstreek, die Windmühlen von Kinderdijk: Dies alles finden Besucher in den Provinzen Zuid-Holland und Zeeland. Hinzu kommen weitläufige, saubere Strände und beliebte Badeorte wie Scheveningen, Renesse, Cadzand und Breskens. Für Reisende ergibt all dies auf relativ kleinem Raum äußerst vielseitige Möglichkeiten.

In diesem Kapitel:

12 Rotterdam 48
13 Delft 54
14 Den Haag 56
15 Scheveningen 60
16 Leiden 61
17 Noordwijk 63
18 Keukenhof 64
19 Gouda 64
20 Kinderdijk 65
21 Dordrecht 66
22 Goeree-Overflakkee 66
23 Schouwen-Duiveland 67
24 Domburg 69
25 Vlissingen 70
26 Middelburg 71
27 Yerseke 72
28 Zeeuws Vlaanderen 72
Übernachten 74

ADAC Top Tipps:

6 Markthal, Rotterdam
| Moderne Architektur |
Der Genusstempel der Superlative ist nicht nur ein Pilgerziel für Foodies, sondern auch das neue Wahrzeichen der experimentierfreudigen Architekturstadt Rotterdam. 49

7 Nieuwe Kerk, Delft
| Kirche |
Die Grabkirche des Königshauses besitzt den zweithöchsten Turm des Landes. Er kann bestiegen werden und bietet eine formidable Aussicht. 54

8 Den Haag
| Stadt |
Die Stadt ist Sitz des Königshauses und der Regierung. Sie punktet zudem mit einem noblen Stadtbild und der grandiosen Lage am Meer. 56

9 **Kinderdijk**
| Windmühlen |
Das fotogene Ensemble aus 19 Windmühlen wurde von der UNESCO zum Weltkulturerbe ernannt. 65

ADAC Empfehlungen:

9 **Natuurhistorisch Museum, Rotterdam**
| Naturkundemuseum |
Die Ausstellung thematisiert auf unterhaltsame Weise das Zusammenleben von Mensch und Tier. 50

10 **Mauritshuis, Den Haag**
| Kunstmuseum |
Eine der bedeutendsten Sammlungen niederländischer Malerei. Glanzstück ist Vermeers »Mädchen mit dem Perlenohrring«. 56

11 **Gemeentemuseum, Den Haag**
| Kunstmuseum |
Das Haus beeindruckt durch seine Architektur von Berlage. Die Abteilung Moderne Kunst zeigt die größte Mondrian-Sammlung der Welt. 58

12 **Strandtent Het Puntje, Scheveningen**
| Restaurant |
Strandpavillon mit herrlich relaxter Atmosphäre, leckeren Snacks und gut gelauntem Personal. 61

13 **Kaasmarkt, Gouda**
| Historisches Spektakel |
Charmantes Touristenspektakel in historischem Umfeld mit Käseträgern in traditionellen Gildetrachten. 65

14 **Domburg**
| Badeort |
Mondänes Seebad mit weitläufigen Stränden und einem Licht, das seit jeher Künstler zu schätzen wissen. 69

15 **SS Rotterdam, Rotterdam**
| Hotel |
Der ausgemusterte Ozeandampfer verbreitet glamouröses Fifties-Flair und dient heute als Hotel. 74

12 Rotterdam

Die Hafenstadt hat sich zu einer Trendmetropole gemausert

Piet Bloms Kubushäuser verlangen auch von ihren Bewohnern viel Kreativität

Information

- VVV, Coolsingel 114, Tel. 010 790 01 85, www.rotterdam.info
- Parken siehe S. 52

Eine Skyline mit Wolkenkratzern, experimentelle Architektur, jede Menge kreative Geister und die allgemeine Aufbruchsstimmung einer jungen Metropole. Mit diesem Profil zieht die Hafenstadt die Blicke der Weltöffentlichkeit mittlerweile regelmäßig auf sich. Dabei unterscheidet sich Rotterdam derart gravierend von der betont musealen Hauptstadt, dass von Konkurrenz nicht wirklich die Rede sein kann. Die Rotterdamer jedenfalls sind sich sicher, dass ihre im Zweiten Weltkrieg so stark zerstörte Stadt das einst übermächtige Amsterdam längst in vielen Bereichen abgehängt hat. Was den Tourismus betrifft, klafft zwar noch eine riesige Lücke. Doch Rotterdam hat für Besucher jeder Fasson etwas zu bieten. Jüngstes Beispiel: die spektakuläre Markthalle. Auch die Museumslandschaft und das Nachtleben können sich sehen lassen. Besonders offensichtlich ist der Wandel am Südufer der Maas. Auf der Hafenhalbinsel Kop van Zuid sind Wolkenkratzer aus dem Boden geschossen. Hier entsteht ein Pendant zur Hamburger Hafencity. Noch eine Fuß-

Plan S. 51

gängerbrücke weiter in Richtung Süden wartet mit De Kaap (Katendrecht) der hipste Teil der Stadt. Hier säumen Restaurants, Bars und originelle Geschäfte den zentralen Deliplein.

Sehenswert

1 Kubuswoningen

| Moderne Architektur |

Am Rande der geschäftigen Fußgängerzone sind die 13 Kubuswohnungen ein Beweis dafür, dass Rotterdam schon länger andere Wege geht: Architekt Piet Blom hat mit seinen auf der Spitze balancierenden Würfeln (1982–1984) die Gesetze der Schwerkraft scheinbar außer Kraft gesetzt. Er konzipierte die Wohnanlage als abstrakten Wald, wobei das Treppenhaus den Stamm, das spitze Dach die Baumkrone darstellt. Mit dem Kijk-Kubus kann ein komplett möbliertes Würfelhaus besichtigt werden. Ein größerer Kubus beherbergt ein Hostel (www.stayokay.com).

■ Overblaak 70, www.kubuswoning.nl, tgl. 10–18 Uhr, 3 €, erm. 2/1,50 €

2 Markthal

| Moderne Architektur |

6 *Architektonisches Experiment und Pilgerziel für Foodies*

Als überdachte Markthalle, in deren hufeisenförmig gewölbter Außenfassade sich Wohnungen befinden, ist dieses Gebäude weltweit einzigartig. Der Entwurf stammt vom örtlichen Büro MVRDV. Während Frischwaren weiterhin überwiegend unter freiem Himmel angeboten werden, kann man drinnen an über 100 Ständen schlemmen und shoppen. Über der hangarartigen Halle wölbt sich ein 11 000 m² großes Deckengemälde mit riesigen Blumen und Früchten in knalligen Farben.

■ Ds. Jan Scharpstraat 298, www.markthal.klepierre.nl, Stände Mo–Do, Sa 10–20, Fr 10–21, So 12–18 Uhr

3 Erasmusbrug

| Schrägseilbrücke |

Die elegante Brücke stellte 1996 eine Verbindung zwischen Rotterdams Zentrum und dem Stadtteil Kop van Zuid her. Der weiße, abgeknickte Pylon erinnert an einen Schwanenhals. Für den Entwurf zeichnete das Architektenbüro Van Berkel & Bos verantwortlich.

ADAC Spartipp

Rotterdam Welcome Card

Der Pass gewährt für einen Zeitraum von 24 Stunden bis zu drei Tagen 25 % Rabatt auf den Eintritt zu über 50 Sehenswürdigkeiten sowie auf Stadtrundfahrten und Bootstouren. Er beinhaltet die kostenlose Nutzung der öffentlichen Verkehrsmittel. Tageskarte 12 €, Zweitageskarte 18 €, Dreitageskarte 23 €, weitere Infos unter www.rotterdamwelcomecard.com.

4 Museumpark

| Park |

Der ehemalige Landsitz der Familie Van Hoboken konnte nach der Aufgabe im Jahr 1924 vor der Erschließung bewahrt werden. Nun gruppieren sich um die parkähnlichen Grünflächen gleich sechs Museen – ein städtebaulicher Glücksfall. Das heutige Naturhistorische Museum war der Wohnsitz der wohlhabenden Reederdynastie.

5 Natuurhistorisch Museum

| Naturkundemuseum |

9 *Eine der bizarrsten Tierschauen der Welt*

Naturkundemuseen sind langweilig – auf einige mag das zutreffen, nicht aber auf dieses, das von der uninspirierten Präsentation verstaubter Tierpräparate meilenweit entfernt ist. Kurator Kees Moeliker wählte für sein Ausstellungshaus einen originellen Ansatz. Er hatte beobachtet, wie eine Ente, die gegen die Fensterscheibe seines Büros geflogen war, nach ihrem Ableben von einem Artgenossen geschändet wurde. Seither widmet er sich den häufig tödlichen Auswirkungen der Zivilisation auf Tiere – ein Konzept, das zum Nachdenken über die Rolle des Menschen auf unserem Planeten anregt. Jüngstes »Exponat« ist ein Marder, der im weltgrößten Teilchenbeschleuniger des CERN in der Schweiz ein Stromkabel durchgenagt und so einen Kurzschluss verursacht hatte.

■ Westzeedijk 345, www.hetnatuurhistorisch.nl, Di–So 11–17 Uhr, 7 €, erm. 3,50 €

6 Kunsthal Rotterdam

| Kunsthalle |

Als Kunsthalle besitzt das Haus keine eigene Sammlung. Es richtet aber jährlich rund 25 Wechselausstellungen aus, deren großes Spektrum von bildender Kunst über Fotografie bis zu Mode und Design reicht. Sehenswert ist auch das Gebäude selbst, denn der Entwurf stammt vom Office for Metropolitan Architecture (OMA), dem Büro des Rotterdamers Rem Koolhaas.

■ Westzeedijk 341, www.kunsthal.nl, Di–Sa 10–17, So 11–17 Uhr, 14 €, erm. 7 €

7 Museum Boijmans van Beuningen

| Kunstmuseum |

Zwei unterschiedliche private Sammlungen von 1847 und 1958 bilden das Fundament für das wichtigste Kunstmuseum der Stadt. So teilen sich Werke Alter Meister wie der »Turmbau zu Babel« von Pieter Brueghel d. Ä. mit modernen Gemälden von Paul Cézanne, Wassily Kandinsky oder Piet Mondrian die Aufmerksamkeit. Bis voraussichtlich 2021 erhält das Haus ein neues, wie die Markthal von MVRDV geplantes Depot, in dem alle 151 000 Exponate zu sehen sein werden. Bis dahin werden Teile der Sammlung in anderen Museen gezeigt.

■ Museumpark 18–20, www.boijmans.nl, zzt. wegen Sanierung geschl.

8 Euromast

| Aussichtsturm |

Der formschöne Aussichtsturm wurde 1960 anlässlich der internationalen Gartenbauausstellung Floriade errichtet und ist eines der Wahrzeichen von Rotterdam. In den 1970er-Jahren setzte man den kleinen Space Tower auf. Der Blick von der Aussichtsplattform in 112 m Höhe ist beeindruckend, mit dem Euroscoop, einem gläsernen Lift, geht es auf 185 m hinauf. Hasardeure können sich nach Voranmeldung von der Aussichtsplattform abseilen. Übernachtungsgästen stehen in 100 m Höhe zwei Suiten zur Verfügung.

■ Parkhaven 20, Tel. 010 436 48 11, www.euromast.nl, April–Sept. tgl. 9.30–22, Okt. bis März 10–22 Uhr, 10,25 €, erm. 6,75 €

9 Van Nelle Fabriek

| Moderne Architektur |

Ein Gedicht aus Stahl und Glas – mit diesen poetischen Worten wurde die Van Nelle Fabriek kurz nach ihrer Fertigstellung 1931 beschrieben. Der Firmensitz des Tee-, Kaffee- und Tabakfabrikanten Van Nelle zählt als Musterbeispiel des Neuen Bauens seit 2014 zum UNESCO-Welterbe. In einigen Räumen unterhalten Start-ups Büros, andere können für Veranstaltungen gemietet werden. Ein Besucherzentrum ist in Planung, bis zu seiner Realisierung kann der Komplex nur im Rahmen von Führungen besichtigt werden.

■ Van Nelleweg 1, Führungen über Urban Guides, www.urbanguides.nl, Sa, So 12.30, 13.30, 14.30 Uhr, 15 €, erm. 12 €

Plan S. 51

Verkehrsmittel

Rotterdams Verkehrsgesellschaft RET betreibt neben Bussen und Straßenbahnen fünf Metrolinien. Für ihre Nutzung benötigt man die OV-Chipkaart (s. S. 135), darüber hinaus gibt es Tageskarten für das Stadtgebiet (8 €) und solche, die bis nach Den Haag gültig sind (14,50 €). ■ www.ret.nl

Parken

Park-&-Ride-Plätze sind kostenlos, wenn man mit öffentlichen Verkehrsmitteln weiterfährt. Im Zentrum können Parkplätze an der Straße von 23 bis 9 Uhr kostenlos genutzt werden, ansonsten ist per Bank- oder Kreditkarte eine Gebühr von 4,08 €/Std. zu entrichten. Parkhäuser sind in der Regel günstiger. Zentral gelegen ist die Garage unter der Erasmusbrücke. Weitere Infos unter www.parkereninrotterdam.nl.

Nur auf den ersten Blick traditionell: das Dekor von De Matroos en Het Meisje

Restaurants

€ | **Fenix Food Factory** Unter dem Dach einer alten Lagerhalle in De Kaap bieten diverse Stände nachhaltig produzierte Lebensmittel aus der Region an. Ideal für einen kleinen Schlemmer-Parcous. Dazu gibt's hausgebrautes Bier oder Cider. ■ Veerlaan 19d, www.fenixfoodfactory.nl, Di–Do 10–18, Fr 10–20 , Sa, So 10–18 Uhr

€€ | **De Matroos en Het Meisje** Rasend populäres Restaurant, dessen Interieur Niederlande-Klischees humorvoll konterkariert. Die Jahreszeit gibt die Zusammenstellung der drei- bis sechsgängigen Menüs vor. Rechtzeitig vorab reservieren! ■ Delistraat 52, Tel. 010 215 27 64, www.dematroosenhetmeisje.nl, tgl. ab 18 Uhr

€€ | **Hotel New York** Brasserie in der ehemaligen Abfertigungsstation für Auswanderer. Ungezwungene Atmosphäre, gutes Seafood und im Sommer tolle Terrasse. ■ Koninginnenhoofd 1, Tel. 010 439 05 25, www.hotelnewyork.nl, tgl. 7–1 Uhr, Plan S. 51 b3

Cafés

Dudok Grand Café im Stil des Modernismus, entworfen vom gleichnamigen Architekten. Geburtsstätte eines legendären Apfelkuchenrezepts, der Dudok Appeltaart. ■ Meent 88, Tel. 010 433 31 02, www.dudok.nl, Mo–Do 8–23, Fr 8–1, Sa 9–24, So 9–23 Uhr, Plan S. 51 b1

Posse Espresso Bar In diesem angesagten Etablissement im Viertel De Kaap tummeln sich vom Hipster bis zum Model kapriziöse Menschen aller Art. Sehr guter Kaffee, kleine Speisekarte. ■ Veerlaan 19a, Tel. 010 737 18 15, www.posse.nl, Mo 12–21, Do 16–22, Fr 12–22, Sa 11–22, So 11–18 Uhr

Wegen ihrer grazilen Pose wird die Erasmusbrücke auch »der Schwan« genannt

Einkaufen

Lijnbaan Die Shoppingmeile war 1953 die erste autofreie Einkaufsstraße der Welt. Lieferwagen konnten die Rückseiten der Geschäfte erreichen. Heute konzentrieren sich hier (und in den Seitenstraßen) die Niederlassungen großer Ketten. Freitags sind die Geschäfte bis 21 Uhr geöffnet. Exklusivere Läden finden sich in der Straße Meent, originelle Boutiquen in der Witte de Withstraat oder der Pannekoekenstraat. ■ Plan S. 51 b1

Kneipen, Bars und Clubs

De Witte Aap Rotterdams Partymeile erwacht oft schon am späten Nachmittag zum Leben, wenn sich die Einheimischen zum traditionellen »borrelen« treffen. Eine beliebte Adresse dafür ist der »Weiße Affe«. ■ Witte de Withstraat 78, Tel. 010 414 95 65, So–Do 15–4, Fr, Sa 12–5 Uhr, Plan S. 51 b2

Wunderbar Lustige Kellerbar mit leicht klischeehaften Anklängen an Deutschland und gutem Bier. ■ Boomgaardsstraat 71, Tel. 010 4767832, Mo–Do 17–1, Fr 17–2, Sa 14–2, So 14–1 Uhr, Plan S. 51 b2

Erlebnisse

Hafenrundfahrt Der Rotterdamer Hafen gehört zu den drei größten der Welt. Bei den 75-minütigen Rundfahrten können sich Passagiere einen Eindruck von den alten Hafenbecken an der Maas verschaffen, ausführliche Touren führen tiefer hinein in die neuen Areale. ■ Willemsplein 85, unter der Erasmusbrücke, Tel. 010 2759991, www.spido.nl, wechselnde Abfahrtszeiten s. Website, 13,95 €, erm. 8,40 €

13 Delft

Am Markt überragt die Nieuwe Kerk ein herrliches Ensemble historischer Bauten

Information

- VVV, Kerkstraat 3, Tel. 015 215 40 52, www.delft.com

Wer Delft mit dem Auto ansteuert, traut seinen Augen nicht. Ist dieser Kirchturm, der immerhin 75 m in den Himmel ragt, wirklich so schief? Ja, ist er. Fast 2 m beträgt die Neigung der Oude Kerk, die schon von Weitem ankündigt, Teil einer alten Stadt zu sein. Das gotische Gotteshaus ist die letzte Ruhestätte von Johannes Vermeer – der Maler hat ebenso zur Berühmtheit der Stadt beigetragen wie die hier hergestellten blauen Fayencen. Delft wurde im 11. Jh. gegründet und konnte sich seine historische Silhouette bewahren. Wie so oft in Holland gilt auch hier, dass die Stadt mit ihren Grachten, Brücken und Plätzen eine einzige Sehenswürdigkeit ist – die man am besten bei einem ausgiebigen Spaziergang auf sich wirken lässt.

Sehenswert

Nieuwe Kerk

| Kirche |

7 *Grabkirche des Königshauses; der Turm kann bestiegen werden*

Neu ist die 1381 vollendete Nieuwe Kerk nur im Vergleich zu ihrem schiefen Pendant, der Oude Kerk, die 31 Jahre vorher fertiggestellt wurde. Dafür aber ist sie in doppelter Hinsicht bemer-

Das doppeltürmige Oostpoort ist Delfts letztes erhaltenes mittelalterliches Stadttor

kenswert: Zum einen ist ihr 109 m hoher Turm der zweithöchste des Landes. 376 Treppenstufen führen hinauf, wer sich die Mühe macht, sie zu erklimmen, wird mit einer formidablen Aussicht belohnt, die bis zum Meer und den Silhouetten von Rotterdam und Den Haag reicht. Zum anderen ist die Nieuwe Kerk die Grabkirche des Königshauses. 43 Oranier haben hier ihre letzte Ruhestätte gefunden.

■ Markt 80, www.oudeennieuwekerk delft.nl, April–Okt. tgl. 9–18, Nov.–Jan. 11–16, Febr./März 10–17 Uhr, Kirche 5,50 €, erm. 4 €, Turm 4,50 €, erm. 3,50 €

Vermeer Centrum

| Kunstmuseum |

Die »Stadtansicht von Delft« ist eines der wichtigsten Gemälde von Johannes Vermeer, der auch Dekan der örtlichen Malergilde St. Lukas war. In deren altehrwürdigen Räumlichkeiten befindet sich heute ein Dokumentationszentrum, das sich mit Leben und Werk des Meisters befasst. Seine Werke werden als Reproduktionen gezeigt. Wer Originale sehen will, muss das Mauritshuis in Den Haag oder das Rijksmuseum in Amsterdam aufsuchen.

■ Voldersgracht 21, www.vermeerdelft.nl, tgl. 10–17 Uhr, 9 €, erm. 7/5 €

De Porceleyne Fles

| Porzellanmuseum |

Kaum etwas hat das klassische Niederlande-Bild so geprägt wie das Delfter Blau. In dieser Manufaktur werden die berühmten Fayencen bereits seit 1653 nach unveränderter Methode hergestellt. Besucher haben Gelegenheit, den Meistern bei der Arbeit über die Schultern zu schauen und sich im angeschlossenen Museum Exponate aus fünf Jahrhunderten anzuschauen. Auch Workshops werden angeboten.

■ Rotterdamse Weg 196, www.royaldelft.com, tgl. 9–17 Uhr, 14 €, erm. 8,75 €

Restaurants

€ | **Thuis by Ladera** Bodenständige niederländische Küche seit 1958 in einem einfachen Lokal mit hübschem Innenhof. Auf den Teller kommen mit Speck und Ziegenkäse gefüllte Pfannkuchen oder traditioneller »stamppot« zu moderaten Preisen. ■ Oosteinde 123, Tel. 015 2125950, Di–Fr 17–22 Uhr

Kneipen, Bars und Clubs

An lauen Sommerabenden ist der **Beestenmarkt** mit seinen vielen Kneipen unter altem Baumbestand die erste Adresse.

14 Den Haag

Hauptstadt der Menschenrechte

Im Haager Binnenhof kann man niederländische Politiker in Aktion erleben

Information

- VVV, Spui 68, Tel. 070 361 88 60, www.denhaag.com
- Parken siehe S. 59

8 *Am Meer gelegener Regierungssitz mit hochkarätigen Museen*

Die mit 525 000 Einwohnern drittgrößte Stadt des Landes ist Regierungssitz und Residenz der Königsfamilie, dennoch haftete ihr lange der Ruf an, zwar vornehm, aber etwas langweilig zu sein. In letzter Zeit hat sich das gründlich geändert: Die Stadt besitzt einige der interessantesten Restaurants des Landes und attraktive Einkaufsmöglichkeiten. Die beiden großen Museen haben internationales Format. Und von allen Großstädten des Landes hat nur Den Haag einen Stadtstrand. Genau genommen sind es mit Scheveningen und Kijkduin sogar zwei.

Sehenswert

1 Mauritshuis

| Kunstmuseum |

10 *Berühmte Sammlung niederländischer Kunst des 17. Jhs.*

Das Palais am Hofvijfer, einst die Residenz von Johann Maurits van Nassau (1604–1679) beherbergt eine der be-

Plan S. 59

eindruckendsten Gemäldesammlungen der Welt. Die meisten Besucher kommen in der Absicht, Vermeers »Mädchen mit dem Perlenohrring« zu bewundern. Mindestens genauso viel Beachtung verdienen aber Rogier van der Weydens »Beweinung Christi«, Rembrandts »Anatomische Vorlesung des Dr. Tulp«, Paulus Potters »Stier« oder Carel Fabritius »Distelfink«. Durch das neu gestaltete Foyer unter der Erdoberfläche hat sich auch die zuletzt etwas angespannte Eingangssituation deutlich verbessert.

■ Plein 29, www.mauritshuis.nl, Mo 13–18, Di–So 10–18, Do 10–20 Uhr, 15,50 €, Kinder bis 18 Jahre Eintritt frei

2 Binnenhof

| Parlamentsgebäude |

Die mittelalterliche Hofanlage, einst Jagdschloss der Grafen von Holland, ist heute das Herz der niederländischen Demokratie. Hier tagen die beiden Kammern des Parlaments, die im Rahmen von Führungen besucht werden können. Im Rittersaal finden Empfänge statt, am dritten Dienstag im September, dem Prinsjesdag, hält der König hier seine Thronrede. Das Turmzimmer neben dem Mauritshuis ist dem Premierminister vorbehalten. Der Weiher rundet das städtische Idyll ab, das seinen Zauber besonders am Abend entfaltet, wenn sich die Lichter im Wasser spiegeln.

■ Besucherzentrum: Hofweg 1, Tel. 070 757 02 00, tgl. 9.30–17 Uhr, www.prodemos.nl, nach Anmeldng 50- und 90-minütige Führungen 5,50–11 €

3 Escher in Het Paleis

| Kunstmuseum |

Maurits Cornelis Escher (1898–1972) war ein Künstler mit einem besonderen grafischen Talent. Seine »unmöglichen Konstruktionen« spielen mit der menschlichen Wahrnehmung und den Gesetzen der Perspektive. Wichtige Teile seines Gesamtwerks sind im Paleis Lange Voorhout zu sehen, dem ehemaligen Winterpalast der Königin-Mutter Emma. Im Obergeschoss gibt eine interaktive Ausstellung Gelegenheit, Eschers Welt zu betreten.

■ Lange Voorhout 74, www.escherinhetpaleis.nl, Di–So 11–17 Uhr, 10 €, erm. 6,50 €

4 Vredespaleis

| Gerichtsgebäude |

Im Friedenspalast haben der Internationale Gerichtshof, das Ständige Schiedsgericht und eine renommierte Bibliothek für Völkerrecht ihren Sitz. Der schmucke Backsteinbau von 1913 wurde maßgeblich vom US-Philantropen Andrew Carnegie finanziert. Im Besucherzentrum ist eine Ausstellung über die Friedensbewegung und die hier tätigen Institutionen zu sehen.

■ Besucherzentrum: Carnegieplein 2, www.vredespaleis.nl, April–Okt. Di–So 10–17, Nov.–März 11–16 Uhr, Eintritt frei

Im Blickpunkt

Das Königshaus

Das Wort von König Willem-Alexander hat Gewicht. Er unterzeichnet Gesetze und ist formal an der Regierungsbildung beteiligt. Genau wie Königin Máxima ist der Monarch in weiten Teilen der Bevölkerung populär. Auch weil das Paar mit seinen drei Töchtern eher unauffällig im als Lustschloss erbauten Huis ten Bosch in Den Haag lebt. Das Verhältnis der Niederländer zu ihren Royals ist entspannt, aber respektvoll. Das bedeutet jedoch nicht, dass sie als Institution unumstritten wäre: 20–40 % der Bevölkerung plädieren für die Abschaffung des Königshauses, das den Steuerzahler jedes Jahr 40 Mio. Euro kostet. Ob es jemals dazu kommen wird, steht in den Sternen. Die Begeisterung, mit der das Volk am 27. April den Königstag feiert, lässt Zweifel an den Erfolgsaussichten eines entsprechenden Antrags aufkommen.

5 Gemeentemuseum Den Haag

| Kunstmuseum |

11 *Moderne Kunst in einem grandiosen Berlage-Bau*

Etwas abseits der Innenstadt gelegen, übertrifft das Ausstellungshaus mit dem nüchternen Namen in jeder Hinsicht die Erwartungen: Das 1935 nach einem Entwurf von Hendrik Petrus Berlage fertiggestellte Gebäude ist ein Meilenstein der modernen Architektur. Präsentiert wird neben stadtgeschichtlichen Exponaten auch eine bedeutende Sammlung moderner Kunst mit Werken von Theo van Doesburg, Paul Klee und Picasso. Mit rund 300 Werken ist die Mondrian-Sammlung die größte der Welt.

■ Stadhouderslaan 41, www.gemeentemuseum.nl, Di–So 10–17 Uhr, 16 €, erm. 12,50 €, Kinder unter 18 Jahren Eintritt frei

6 Madurodam

| Miniaturpark |

Wer nicht die Zeit hat, das gesamte Land zu bereisen, lernt in diesem Park im Schnelldurchgang kennen, was die Niederlande einzigartig macht: Windmühlen, Tulpenfelder, Grachtenhäuser, die Deltawerke, den Flughafen Schiphol, die Erasmusbrug in Rotterdam – all das gibt es hier im Miniaturformat.

■ George Maduroplein 1, www.madurodam.nl, wechselnde Öffnungszeiten s. Website, 17,50 € (Tageskasse 19,50 €)

Verkehrsmittel

Den Haag hat ein gut ausgebautes Nahverkehrssystem. Die Verkehrsbetriebe HTM bieten Tages- und Dreitagskarten (7,10/18 €) sowie Touristen-Tageskarten (14,50 €) an, mit denen man nach Delft, Kinderdijk und zum Keukenhof fahren kann. ■ www.htm.nlv

Parken

Ständig geöffnet und von der Autobahn gut erreichbar ist der Park-&-Ride-Platz Hoornwijk. Entlang des Centrumrings zeigt ein Parkleitsystem Alternativen an (2–4 €/Std., 20–30 €/Tag). Günstig liegt die Torengarage (Geest 1, www.q-park.nl, 29 €/Tag).

Restaurants

€€ | **Dekxels** Hübsches Lokal mit kleiner Terrasse; bei den fantasievollen Gerichten verschmelzen mediterrane und asiatische Einflüsse. Schön! ■ Denneweg 130, Tel. 070 3659788, www.dekxels.nl, tgl. ab 17.30 Uhr, Plan S. 59 b1

€€–€€€ | **Ruiseñor** Dieses mexikanische Lokal ist von der üblichen Folklore denkbar weit entfernt: Die Chefs dekonstruieren typische Gerichte, um die Zutaten auf neue Weise zu kombinieren. Eine Karte gibt es nicht, stattdessen überrascht die Küche mit wechselnden Menüs. ■ Denneweg 120, Tel. 070 5147049, www.ruisenorrestaurant.nl, Di–So 18–22 Uhr, Plan S. 59 b1

Einkaufen

De Passage Die älteste Einkaufspassage des Landes entstand in den 1880er-Jahren nach Pariser Vorbild. ■ Passage 72, www.depassage.nl, Plan S. 59 b3

Denneweg und Noordeinde In den beiden schmalen Straßen befinden sich die interessantesten Läden der Stadt: Boutiquen, Galerien und Fachgeschäfte. ■ Plan S. 59 b1, b2

Kneipen, Bars und Clubs

De Boterwaag Typisch holländische, gemütliche Kneipe in einem restaurierten Gebäude aus dem 17. Jh. Beim

Schön für den Bummel bei Sonnenuntergang: der Pier von Scheveningen

»borrelen« hat man die Wahl unter 16 Bieren vom Fass. ■ Grote Markt 8a, Tel. 070 365 97 88, www.boterwaag.nl, tgl. 10–1 Uhr, Plan S. 59 b3

In der Umgebung

Kasteel Duivenvoorde

| Schloss |

Das einzigartige Ensemble aus Schloss und Landgut befindet seit dem 13. Jh. in Familienbesitz. Besucher staunen über das historische Interieur und die Kunstsammlung; nach der Führung lohnt ein Rundgang durch die gepflegten Gartenanlagen.

■ Laan van Duivenvoorde 4, Voorschoten, Tel. 071 561 37 52, www.kasteelduivenvoorde.nl, Führungen April–Okt. Di–Sa 14 und 15.30 Uhr, 12,50 €, erm. 5/3 €

15 Scheveningen

Der Badeort entfaltet seinen Charme erst auf den zweiten Blick

Information

■ VVV Informatiepunt, Strandweg 156 (am Eingang zum Pier), Tel. 070 361 88 60, www.denhaag.com

Scheveningen ist der mit Abstand bekannteste Badeort des Landes. Gern wäre er auch der attraktivste – doch für diesen Ehrentitel war der Umgang mit Beton eine Weile lang zu sorglos. So zeugt an der Strandpromenade neben ein paar Sommerfrischevillen und dem ehrwürdigen Kurhaus allenfalls noch der Pier von Baukunst. Nur einen Steinwurf vom Deich entfernt aber entfaltet das alte Fischerdorf Scheveningen und dahinter das herrliche Statenkwartier seinen Charme. Und die angrenzenden Dünenlandschaften sind ohnehin über jeden Zweifel erhaben.

Sehenswert

Pier

| Seebrücke |

Vor Jahrzehnten begnügten sich Touristen noch mit einem Musikpavillon. Heutzutage braucht es schon etwas mehr, um die Massen zu begeistern. Entsprechend bekam der fast 400 m lange Pier 2015 ein »Upgrade« in Form einer Wandelhalle mit Shops und Food-Ständen sowie einem 50 m hohen Riesenrad. Vom Bungeeturm kann man an einer Zipline mit 70 km/h übers Meer zum Strand rauschen.

■ Strand Scheveningen, www.pier.nl, tgl. 10–22 Uhr

Parken

An der Promenade und in der Stadt kostenpflichtig, kostenlos am Hafen im Treilerdwarsweg und Zeesluisweg.

Restaurants

Am Hafen haben sich eine Reihe guter Fischrestaurants wie das Catch by Simonis (www.catch-bysimonis.nl) angesiedelt. Eine herrlich altmodische Alternative ist Weduwe van der Toorn (www.weduwevandertoorn.nl).

12 € | **Strandtent Het Puntje** Laufkundschaft verirrt sich nur selten in dieses Strandlokal – es ist das nördlichste im Stadtgebiet von Scheveningen. Mit Blick aufs Meer und den Füßen im Sand geht es hier ungezwungen und angenehm unkommerziell zu: Bei schönem Wetter wird der Grill angeworfen, später zückt ein Stammgast die Gitarre. ■ Noorderstrand, Tel. 064 136 47 78, www.strandtenthetpuntje.nl, wechselnde Öffnungszeiten

Sport

Meijendel Wo nordöstlich des Ortes die Bebauung endet, beginnt der Traum eines jeden Städters: Im Naturschutzgebiet Meijendel führen Rad- und Wanderwege über Dünen und durch lichten Wald zu Stränden, die deutlich weniger überlaufen sind. Das kleine Paradies zieht sich über fast 20 km bis vor die Tore von Katwijk. Für Stärkung sorgt die Boerderij Meyendel, ein vor allem bei Familien mit Kindern beliebter Erlebnisbauernhof mit Pfannkuchenrestaurant (www.meyendel.nl). ■ Besucherzentrum De Tapuit, Meijendelseweg 40–42, Mo–Fr 10–16 Sa, So 10–17 Uhr, www.dunea.nl

16 Leiden

Älteste Universitätsstadt der Niederlande mit malerischen Hofjes und Grachten

Information

- VVV, Stationsweg 26, Tel. 071 516 60 00, www.visitleiden.nl
- Parken siehe S. 62

Ein Spaziergang durch Leiden ist gut für die Seele: Nur ein paar Schritte vom Bahnhof entfernt, wacht eine Windmühle über eine Gracht. Ein paar Meter weiter fließt mit dem Galgewater ein ehemaliger Rheinarm vorbei, an dessen Ufern sich historische Häuser mit aufwendig gestalteten Giebeln aufbauen. Das Gewässer wird von einer Brücke überspannt, die nach dem bekanntesten Sohn der Stadt benannt ist, einem gewissen Rembrandt van Rijn. Noch ein Stück weiter im Süden steht die älteste Universität der Niederlande mit ihrem

ADAC Wussten Sie schon?

Muurgedichten

Bei einem Rundgang durch Leiden wird man früher oder später darauf stoßen: Im Zentrum sind viele Hauswände mit Gedichten in allen Sprachen bemalt, darunter finden sich Täfelchen mit Übersetzungen. Die Mauergedichte erinnern daran, dass die Universitätsstadt von jeher Gelehrte und Wissenschaftler aus der ganzen Welt anzog; viele bekannte Schriftsteller lebten oder studierten hier. Eine Karte, die das Auffinden der inzwischen über 100 Gedichte erleichtert, findet man unter www.muurgedichten.nl.

entzückenden Botanischen Garten. All dies macht aus Leiden eine wunderbare Alternative zu Amsterdam, falls es dort mal wieder zu voll ist.

Sehenswert

Molen De Valk

| Windmühle |

Der Gallerieholländer von 1743 ist die letzte von 19 Windmühlen, die einst auf dem Leidener Stadtwall standen. Im Erdgeschoss befindet sich die einzige noch erhaltene städtische Müllerwohnung des Landes.

■ Binnenvestgracht 1, www.molenmuseumdevalk.nl, Di–Sa 10–17, So 13–17 Uhr, 5 €, erm. 2,50 €

Museum De Lakenhal

| Kunstmuseum |

In dem 2019 wiedereröffneten Museum sind vor allem Werke von Leidener Künstlern des Goldenen Zeitalters (darunter zwei Rembrandts) und eine imposante Sammlung von Arbeiten Theo van Doesburgs zu sehen.

■ Oude Singel 32, www.lakenhal.nl, Di–So 10–17 Uhr, ab 18 Jahren 12,50 €

Hortus Botanicus

| Botanischer Garten |

Der Botanische Garten der Universität wurde 1590 an der Rapenburggracht eröffnet und ist damit der älteste in Westeuropa. Auf einem 4 ha großen Areal mitten in der Stadt gelegen, war er von Beginn an öffentlich zugänglich. Beeindruckend ist die Sammlung von Zwiebelgewächsen. Einige Bäume, wie der 1716 gepflanzte Tulpenbaum, sind mehr als 300 Jahre alt.

■ Rapenburg 73, www.hortusleiden.nl, April–Okt. tgl. 10–18, Nov.–März Di–So 10–16 Uhr, 8 €, erm. 3,50 €

Burcht van Leiden

| Burg |

Die imposante Anlage ist eine der ältesten Burgen des Landes. Sie steht auf einem im 12. Jh. zum Schutz vor Hochwasser aufgeschütteten Hügel. Vom Wehrgang bieten sich schöne Ausblicke auf die Altstadt.

■ Van der Sterrepad

Parken

An der Straße über die Eingabe des Nummernschilds an Parkuhren. Komfortabel ist die nagelneue Parkkathedrale am Lammermarkt (www.p1.nl, 2,75 €/Std., 20 €/Tag).

Restaurants

€€ | **Het Prentenkabinet** Internationale Küche mit mediterranem Touch in einem uralten Haus mit wunderbarem Garten. ■ Kloksteeg 25, Tel. 071 512 66 66, www.prentenkabinet.nl, tgl. ab 17 Uhr, Do–So auch mittags

€€–€€€ | **The Bishop** Fusionsküche mit saisonalen Produkten ohne festgelegte geografische Präferenz. Zubereitung und Herrichtung zeugen von ebenso gutem Geschmack wie die Einrichtung des 110 Jahre alten Gebäudes. ■ Middelweg 7–9, Tel. 071 763 03 70, www.thebishop.nl, Di–So ab 17.30 Uhr

Einkaufen

Die üblichen Ketten unterhalten Filialen in der **Haarlemmerstraat** und der **Breestraat.** Interessanter wird es in den schmalen Gassen um die Pieterskerk, dem sogenannten **Pieterskwartier.** Hier findet man auch Antiquitätenladen, originelle Boutiquen und persönlich geführte Buchhandlungen.

Leiden ist nach Amsterdam die Stadt mit den meisten Grachten und Singels

17 Noordwijk

Seebad mit weitläufigem Dünengebiet und 13 km langemSandstrand

Information

■ VVV, Jan Kroonsplein 4, Tel. 071 361 93 21, www.noordwijk.info

Noordwijk ist ein eher unaufgeregtes Seebad – es sei denn, es ist gerade Frühling. Der Küstenort fühlt sich nämlich als Hauptstadt der »Bollenstreek«, also der Blumenzwiebelregion. Tatsächlich breiten sich landeinwärts riesige Felder mit Tulpen und anderen Blumen aus, die Besucher auf einer 42 km langen Fahrradroute erkunden können. Ansonsten stehen Wandern, Surfen und Sonnenbaden auf dem Programm der Besucher. Eine Besonderheit sind die hundefreundlichen Strände (teils ganzjährig, s. Website).

Sehenswert

Space Expo

| Raumfahrtausstellung |
Die niederländische Dependance der European Space Agency (ESA) war in Europa die erste ständige Ausstellung zur Raumfahrt. Besucher erfahren Interessantes über das Leben der Astronauten im All, bekommen Einblicke in die Raumstation MIR und erleben den Start einer Rakete.

■ Keplerlaan 3, www.space-expo.nl, Di–So 10–17 Uhr, 12,50 €, erm. 8,50 €

Events

Blumenkorso Alljährlich Mitte April ist die Kapitale der Blumenzüchter Ausgangspunkt einer Parade prunkvoll verzierter Wagen, die von Musikkapellen und Tanzgruppen begleitet bis nach Haarlem zieht. ■ www.bloemencorso-bollenstreek.nl

18 Keukenhof

Weltbekannte Blumenschau mit jährlich wechselnden Themen

Manchmal hat es seinen Reiz, Klischees auszuleben. Das trifft auch auf den Keukenhof in Lisse zu, der in vielerlei Hinsicht das Bild der Niederlande als Blumennation geprägt hat. Sobald es die Frühlingssonne gestattet, öffnet der Themenpark seine Pforten, um auf unterhaltsame Weise verschiedene Spielarten der Gartenbaukunst zu präsentieren. Auf insgesamt 32 ha vermag die Tulpe viel Aufmerksamkeit auf sich zu ziehen – Besucher können nicht weniger als 800 verschiedene Züchtungen bewundern. Narzissen, Hyazinthen und andere Zwiebelpflanzen sorgen in den Beeten für reichlich Abwechslung. Pro Saison kommen mehr als 1,5 Mio. Besucher in die Kleinstadt bei Leiden.

Im Blickpunkt

Tulpomanie

Heute sind Tulpen eine Augenweide für jedermann. Im 17. Jh. aber waren die farbenprächtigen Frühlingsblüher Gegenstand einer riesigen Spekulationsblase: In einem Umfeld enormen Wohlstands waren sie für das Amsterdamer Bürgertum Statussymbole. Teilweise wurden für eine Tulpenzwiebel Beträge hingelegt, die dem Preis eines Grachtenhauses entsprachen. Im Februar 1637 kollabierte der völlig überhitzte Markt. Viele Spekulanten gingen pleite. Ein ökonomisches Lehrstück, das auch auf die Gegenwart übertragbar ist.

■ Stationsweg 116a, Lisse, www.keukenhof.nl, Ende März–Mitte Mai tgl. 8–18 Uhr, 19 € (online 17,50 €), erm. 9 €, Parken 6 €

19 Gouda

Das Städtchen hat neben Käse auch jede Menge Geschichte zu bieten

Information

■ VVV, Markt 35, Tel. 0182 58 91 10, www.willkommeningouda.com

Beim Namen Gouda denken die meisten an Käse, und die größte Touristenattraktion ist zweifelsohne der örtliche Käsemarkt. Doch auch ohne ihn lohnt ein Besuch des Städtchens, dessen pittoreskes Zentrum der Marktplatz mit dem gotischen Rathaus und der Stadtwaage von 1668 bildet. Wo früher die Käselaibe gewogen wurden, ist heute ein Käse- und Handwerksmuseum untergebracht. Wie in anderen historischen Städten der Niederlande gilt auch hier: Besucher sollten sich einfach treiben lassen, dann entfaltet sich der Zauber am besten.

Sehenswert

Kaasmarkt

| Historisches Spektakel |

13 *Auf dem Markt wird Gouda-Käse auf traditionelle Weise verhandelt*

Tatsächlich verkauft wird Käse hier schon lange nicht mehr. Mehr oder weniger routinierte Darsteller führen in der Saison vor dem Rathaus ein Schauspiel auf, bei dem in historischen Trachten über den Preis verhandelt und das Geschäft anschließend mit Handschlag besiegelt wird. Weil auch die architektonische Kulisse so wie vor Jahrhunderten daherkommt, ist der Käsemarkt ein unverzichtbarer Programmpunkt für Holland-Neulinge.

■ Markt, www.willkommeningouda.com, April–Aug. Do 10–12.30 Uhr

Einkaufen

Banket- en Siroopwafelbakkerij Van den Berg/Van Vliet In den Niederlanden ist Gouda nicht nur für Käse, sondern auch für »Stroopwafels« bekannt. Diese Bäckerei stellt die süße Leckerei nach überliefertem Rezept her. ■ Lange Groenendaal 32, www.vd-berg.nl, Mo–Fr 8.30–17.30, Sa 8–17 Uhr

20 Kinderdijk

9 *Seit über 250 Jahren drehen sich hier Mühlenflügel im Wind*

Not macht erfinderisch. Im Rheindelta 15 km südwestlich von Rotterdam war das Land im 18. Jh. zwar bewohnbar. Um aber auch Landwirtschaft zu ermöglichen, mussten die unter dem Meeresspiegel liegenden Polder ständig entwässert werden. Dies geschah mithilfe von 19 Windmühlen, die Schöpfräder antrieben. 1997 wurde diese Ingenieursleistung mit dem Status des UNESCO-Welterbes belohnt. Besucher des einzigartigen Ensembles sollten wissen, dass einschlägige Fotografien die Touristenmassen auszublenden verstehen. Wer allein in den Genuss des Postkartenmotivs kommen möchte, sollte die Stunde des Sonnenaufgangs wählen. Dann ist die eintrittspflichtige Zone zwar geschlossen, doch der Fußgänger- und Radweg, der durch das Areal führt, ist jederzeit zugänglich.

Im Blickpunkt

Windmühlen damals und heute

Windmühlen sind fest in der DNA der Niederlande verankert, seit sie im späten 12. Jh. aufkamen. Rund 1170 nach klassischer Bauart errichtete Exemplare ziehen auch heute noch bewundernde Blicke auf sich. Dabei wurde die Energie der Windmühlen nicht nur zum Mahlen eingesetzt, sondern auch zum Abpumpen von Wasser aus Polderlandschaften. Hier kamen sogenannte Wurfräder zum Einsatz – berühmtestes Beispiel sind die Windmühlen von Kinderdijk (s. unten). Seit deren Bau um das Jahr 1740 haben sich die technischen Möglichkeiten deutlich verbessert. Geblieben allerdings ist der Wind als Motor. Heute setzt das Land Windenergie verstärkt zur Stromerzeugung ein. So werden die Züge der Niederländischen Eisenbahn (Nederlandse Spoorwegen) seit 2017 ausschließlich mit Elektrizität aus Windenergie betrieben. Eine Weltpremiere!

■ Nederwaard 1, Kinderdijk, www.kinderdijk.nl, März–Okt. tgl. 9–17.30, Nov.–Dez. 10–16.30 Uhr, abgetrennter Besichtigungsbereich 8 €, erm. 5,50 €

21 Dordrecht

Wasser ist das prägende Element in dieser angenehm kleinen Großstadt

Information

■ VVV, Spuiboulevard 99, Tel. 0900 463 68 88, www.vvvdordrecht.nl

Grachten? Gibt es in Dordrecht nach offizieller Lesart nicht. Dafür zählt die 120 000-Einwohnerstadt eine fast unübersichtliche Anzahl alter Häfen, die Nieuwe Haven, Wijnhaven, Kalkhaven oder Maartensgat heißen und die alle einen Zufluss zur Oude Maas besitzen. Die gesamte Altstadt von Dordrecht ist denn auch von Wasser, Brücken, Speicherbauten und Kontoren geprägt. Am eindrucksvollsten ist die Aussicht am sogenannten Groothoofd, wo gleich drei mächtige Gewässer zusammenfließen.

Die Fassaden an Dordrechts Kanälen zählen zu den schönsten des Landes

Restaurants

€€ | **De Stroper** Modernes Fischrestaurant, das ausschließlich Ware aus nachhaltigem Fang verwendet. Terrasse an einer der schönsten Grachten Dordrechts mit Blick aufs Wasser. ■ Wijnbrug 1, Tel. 078 613 00 94, www.destroper.nl, tgl. 18–22, Mo–Fr auch 12–14 Uhr

Events

Dordt in Stoom Das schönste Event der Stadt spielt sich in geraden Jahren auf dem Wasser ab: »Dordt in Stoom« lautet der Name eines Ende Mai stattfindenden Festivals, bei dem Dampfschiffe jeder Größe an die gute, alte Zeit erinnern. ■ www.dordtinstoom.nl

22 Goeree-Overflakkee

Vielseitiger Mikrokosmos am äußersten Rande des Landes

Information

■ VVV Goeree-Overflakkee, Bosweg 2, Ouddorp, Tel. 0187 68 17 89, www.vvvgoeree-overflakkee.nl

Bis ins futuristische Rotterdam sind es gerade mal 50 km. In diesem Licht betrachtet erscheint Goeree-Overflakkee wie auf einem anderen Planeten. Die an der Öffnung des Rheindeltas gelegene Insel wirkt abgeschieden – und viele Bewohner sind streng gläubig. Die Reize des nur knapp 50 000 Einwohner zählenden Eilands sind vielfältig. Wassersportler wissen die paradiesischen Verhältnisse auf den abgetrennten Meeresarmen Haringvliet und Grevelingen zu schätzen.

Sehenswert

Middelharnis

| Dorf |

Der attraktive Ort punktet mit seinem intakten historischen Stadtbild. Rund um den Binnenhafen breitet sich eine attraktive Bausubstanz aus dem 16. und 17. Jh. aus. Besonders schön ist die Voorstraat, die zum klassizistischen Rathaus führt.

Haringvlietsluizen

| Sperrwerk |

Beeindruckender Teil der Deltawerke. Das 5 km lange und 56 m breite Tidesperrwerk schützt das Haringvliet und das Hollands Diep, deren Hinterland 1953 so schwer von der Sturmflut getroffen wurde, vor der Nordsee.

■ www.deltawerken.com

Goedereede

| Dorf |

Als einziger Ort auf der Insel besitzt Goedereede Stadtrechte. Dies geht auf seine glanzvolle Zeit als Handelsplatz in früheren Jahrhunderten zurück. Rund um den Markt lebt der Glanz vergangener Zeiten.

Ouddorp

| Seebad |

Beliebter Badeort mit weiten Stränden und einer guten Infrastruktur für Wassersport. Damit wagt Ouddorp einen Spagat zwischen Tourismus und Tradition, denn die Bevölkerung des Ortes ist streng gläubig und haftet dabei der Wiederhergestellten Reformierten Kirche an, an deren Gottesdiensten Frauen nur mit Kopfbedeckung teilnehmen dürfen.

Kneipen, Bars und Clubs

€ | **Strandtent Iloon** Origineller Strandpavillon, wo Gäste neben den üblichen Snacks auch einen High Tea oder ein High Beer bestellen können. ■ Groenedijk 34a, Ouddorp, Tel. 018 768 27 25, www.strantentiloon.nl, April–Aug. tgl. 10 bis 23, Sept.–März Mi–So 12–21 Uhr

23 Schouwen-Duiveland

Seebäder und traditionsreiche Städtchen prägen die Nordseeinsel

Information

■ VVV Zeeland, Nieuwe Haven 7, Zierikzee, Tel. 0111 41 09 40, www.vvvzeeland.nl

Vor allem deutsche Urlauber fühlen sich vom Badeort Renesse angezogen, wo die Bewohner der Campingplätze und Ferienparks ein für niederländische Verhältnisse ausschweifendes Strandleben garantieren. Trotz der vier Straßenverbindungen zum Festland herrscht auf der Insel aber noch ein Restgefühl von Abgeschiedenheit vor, das Aktivitäten wie Wandern, Reiten und Radfahren verstärken. Der lange Name ist dem Umstand zu verdanken, dass die Natur hier einst mehrere Inseln schuf, die auch durch menschliches Zutun im Laufe der Zeit zu einer Einheit zusammenwuchsen. Hauptort ist das atmosphärische Zierikzee.

Bei Domburg wird die Küste durch hohe Dünen vor der Gewalt des Meeres geschützt

Sehenswert

Zierikzee

| Historische Stadt |

In Zeiten, als die Schifffahrt das dominante Transportmittel war, kam den auf Inseln gelegenen Vorposten der Zivilisation eine besondere Bedeutung zu. Die Silhouette zeugt bis heute von der Glanzzeit Zierikzees, das schon seit 1248 Stadtrechte besitzt und heute 11 000 Einwohner zählt. Alles überragend ist der im 15. Jh. erbaute Sint-Lievensmonstertoren, der ursprünglich 120 m hoch werden sollte, aus Geldmangel aber unvollendet blieb. Mit ihren bescheidenen Fischerhäusern und gepflegten Wohnbauten des Goldenen Zeitalters lässt die Altstadt die Herzen von Nostalgikern höherschlagen. Besonders malerisch ist das Ensemble aus zwei Hafentoren (Zuidhavenpoort und Noordhavenpoort) und einer Zugbrücke im Südosten der befestigten Altstadt. Von hier aus gewährt ein kurzer Kanal Zugang zum Meer. Weiter landeinwärts breitet sich der Oude Haven aus, der in der Glanzzeit Zierikzees deutich größer war. Heute fungiert das Becken als eine Art Museumshafen.

Restaurants

€€ | **Grand Café de Werf** Modernes, freundliches Restaurant mit Terrasse am Hafen, Spezialität sind Steaks und Muschelgerichte. ■ Vissersdijk 2a, Zierikzee, Tel. 0111 41 42 44, www.eteninzierikzee.nl/grand-cafe-de-werf, Di–So 11–21 Uhr

€€–€€€ | **Brasserie Maritime** Klassische und moderne Fischküche von Bouillabaisse bis Ceviche in einem hübschen, weißen Haus mit kleiner Sommerterrasse am Wasser. ■ Nieuwe Haven 21, Zierikzee, Tel. 0111 41 21 56, www.brasseriemaritime.nl, tgl. ab 12 Uhr

24 Domburg

Mondäner Badeort mit langen Stränden und einzigartigem Licht

Information

■ VVV Zeeland, Schuitvlotstraat 32, Tel. 011 858 34 84, www.vvvzeeland.nl

Schon 1837 besaß der an der Nordwestflanke Zeelands gelegene Ort einen ersten Badpavillon auf den Dünen. Danach dauerte es zwar noch 177 Jahre, bis das Küstenstädtchen mit seinen 1500 Einwohnern auch offiziell als Heilbad anerkannt wurde, seine Popularität wuchs aber auch ohne diesen Status rasant: Erst kam der Adel, um die frische Seeluft zu genießen, danach die Künstler, die sich vom unvergleichlichen Licht angezogen fühlten. Noch attraktiver ist allerdings der Strand, der in beide Richtungen kilometerweiten Auslauf bietet. Im Nordosten begleitet ihn hinter den Dünen ein stattlicher Wald – eine seltene Kombination.

Restaurant

€€€ | **Het Badpaviljoen** Ehemaliger Kurhauskomplex von 1889 hoch oben auf den Dünen; zur historischen Architektur bildet das moderne Interieur einen stilvollen Gegensatz. ■ Badhuisweg 21, Tel. 011 858 24 05, www.hetbadpaviljoen.nl, Do–Mo 11–23 Uhr

In der Umgebung

Deltapark Neeltje Jans

| Themenpark |

Unweit von Domburg ragt die Oosterschelde weit in die Provinz Zeeland hinein. Bei der Flutkatastrophe 1953 gehörten die an den Meeresarm heranreichenden Gebiete zu den anfälligsten des gesamten Landes. Daher war ein kollektives Aufatmen zu vernehmen, als die damalige Königin Beatrix am 4. Oktober 1986 die Deltawerke eröffnete. Mit Hilfe des gewaltigen Bauwerks können die Landstriche im Falle einer drohenden Sturmflut geschützt werden. Im Normalfall aber lassen die 45 m breiten Stahltore das Wasser ungehindert durch. Gleichzeitig fungiert das technische Wunderwerk als Verbindungsstraße. Im angeschlossenen

Im Blickpunkt

Der ewige Kampf gegen das Wasser

Bei der großen Flutkatastrophe im Jahr 1953 sind 1836 Niederländer ums Leben gekommen. Für die Nacht des 31. Januar auf den 1. Februar hatte sich ein schwerer Sturm angekündigt, der mit Springflut einherging. Vor allem auf den Inseln Goeree-Overflakkee und Schouwen-Duiveland brachen die Deiche. In vielen Dörfern und Städten stand binnen Minuten meterhoch das Wasser. Seit diesem nationalen Trauma ist im Zeichen des Delta-Plans vieles geschehen: Die Deiche wurden massiv erhöht und alle vormals ungeschützten Wasserstraßen bis auf die Westerschelde mit Sturmwehren vor Gefahren gesichert. Dennoch genießt das Thema nach wie vor höchste Priorität, denn 26 % des Landes liegen unterhalb des Meeresspiegels. Der steigende Meeresspiegel zählt für die Niederlande zu den größten Gefahren des Klimawandels.

Themenpark Neeltje Jans (mit Aquarium und Rutschen) erfahren Besucher interessante Fakten über den Kampf gegen das Wasser. Auch können sie die Kraft der Gezeiten aus nächster Nähe beobachten.

■ Faelweg 5, Vrouwenpolder, www.neeltjejans.nl, März–Okt. tgl. 10–17 Uhr, 23,50 €, erm. 18/9 €, Parken 7,50 €

25 Vlissingen

Geschäftiger Fähr- und Fischereihafen mit langen Stränden

Information

■ www.vvvzeeland.nl

Diese Stadt hat viele Schiffe kommen und gehen sehen, denn die Mündung der Westerschelde wird von allen Wasserfahrzeugen passiert, die den großen Hafen von Antwerpen ansteuern. Wer auch immer von Bord in Richtung Norden blickt, sieht keine überwältigende Schönheit. Vielmehr scheint Vlissingen immer noch ein wenig auf der Suche nach sich selbst: Das Scheldeufer wird von Industrie und Hafenanlagen geprägt. Das Nordseeufer hingegen begleitet ein ansehnlicher, nur einspurig befahrbarer Boulevard. Dahinter: viel moderne Architektur. Davor: Strand und Cafés.

Sehenswert

MuZEEum

| Seefahrtsmuseum |

Das am Fischerhafen gelegene Ausstellungshaus ist der maritimen Geschichte und Gegenwart der Region gewidmet. Es ehrt auch Michiel de Ruyter (1607–1676), den in Vlissingen geborenen Seehelden der Kriege gegen Spanien und England, und zeigt zudem Fundstücke aus dem 1735 vor Vlissingen gesunkenen Ostindienfahrer »Het Vliegend Hart«.

■ Nieuwendijk 11, www.muzeeum.nl, Di–So 10–17 Uhr, 10,50 €, erm. 5 €

Apartmenthochhäuser am Strand sind Ausdruck von Vlissingens Beliebtheit

Kinder

Het Arsenaal

| Vergnügungspark |

Größter maritimer Erlebnispark des Landes mit Piratenwelt, Schiffssimulator, Unterseeboot und Pottwalausstellung. Um die Bewohner der Nordsee geht es im Seelabor und in der Unterwasserwelt.

■ Arsenaalplein 7, www.arsenaal.com, wechselnde Öffnungszeiten s. Website, 14,50 €

26 Middelburg

Geschichtsträchtiges Provinzstädtchen mit von Grachten gesäumter Altstadt

Information

■ Tourist Shop, Markt 51, Tel. 011 867 43 00, www.uitinmiddelburg.nl

Zentral auf der Halbinsel Walcheren gelegen und durch Kanäle mit dem Meer verbunden, war Middelburg vom Mittelalter bis weit ins 17. Jh. ein bedeutendes Handelszentrum. Das spiegelt sich bis heute im Stadtbild wider. Wer etwa vom Korendijk in Richtung City blickt, sieht auf dem Binnenhaven Hausboote, dahinter gepflegte Kaufmannshäuser und als i-Tüpfelchen den »Lange Jan«, die Turmspitze der Nieuwe Kerk. Der reizvolle erste Eindruck verspricht nicht zu viel, denn auch die Altstadt ist eine Augenweide. Bei vielen historischen Bauten handelt es sich allerdings um Rekonstruktionen: Zwei Tage nachdem die Niederlande kapituliert hatten, wurde die Stadt am 17. Mai 1940 durch Bombenangriffe der deutschen Luftwaffe fast vollständig zerstört.

Sehenswert

Lange Jan

| Kirchturm |

Der weithin sichtbare, achteckige Turm ist exakt 90,5 m hoch und gehört zur Onze Lieve Vrouwe Abdij. Der mittelalterliche Abteikomplex ist heute Sitz der Provinzverwaltung. Über 207 Stufen erreicht man die Aussichtsplattform, die an klaren Tagen einen Fernblick bis zu den Deltawerken und den umliegenden Inseln ermöglicht.

■ Onder de Toren 1, www.langejanmiddelburg.nl, Sa 11–16, Juli, Aug. und Schulferien tgl. 11–16 Uhr, 4 €

Stadhuis

| Historisches Rathaus |

Der 1452–58 errichtete Prunkbau gehört zu den schönsten gotischen Profanbauten des Landes. 25 Statuen der Grafen und Gräfinnen Hollands und Zeelands zieren die Fassade. Fleischhalle und Turm sind Ergänzungen des 16. Jhs. Die Räumlichkeiten werden heute von einem Universitätskolleg genutzt. Im repräsentativen Bürgersaal finden aber nach wie vor Empfänge und Trauungen statt.

■ Markt, Tel. 011 867 43 00, Führungen April–Okt. tgl. 11.30 Uhr, 6 €, Tickets sind im Tourist-Shop erhältlich

Erlebnisse

Kaasboerderij Schellach Vom Kuhstall bis in den Hofladen können Besucher hier verfolgen, wie die Zutaten zu einem verkaufsfertigen Bauernkäse werden. Die Regale des Hofladens sind mit weiteren regionalen Produkten gefüllt. ■ Prooijenseweg 26, www.schellach.nl, Mo–Fr 8.30–17.30, Sa 8.30–17 Uhr, Rundgang auf eigene Faust

27 Yerseke

Der kleine Ort ist für seine Schalentierzuchten bekannt

Information

■ VVV , Kerkplein 1, Tel. 011 357 18 64, www.vvvzeeland.nl

Frische Muscheln in heimischen Lokalen? Die stammen mit einiger Wahrscheinlichkeit aus Yerseke (mit langem »i« am Anfang und scharfem »s«). Das Dorf mit seinen knapp 7000 Einwohnern ist die Heimat des weltweit einzigen Muschelauktionshauses, wo Größe, Gewicht und Geschmack Gegenstand einer Expertise sind. Frischer als hier kommen die Schalentiere nirgendwo auf den Teller. Das gilt in zunehmendem Maße auch für Austern, die sogenannte Meeresbauern mit großem Erfolg auf speziellen Parzellen in der Oosterschelde züchten.

Restaurants

€€ | **Oesterbeurs** Meerestiere von Austern bis zu Hummer (auch aus der Oosterschelde) in Top-Qualität und in kreativen, bisweilen überraschenden Zubereitungen. ■ Wijngaardstraat 2, Tel. 0113 57 22 11, www.oesterbeurs.nl, Mi–Sa 12–14, 18–21, So 12–21 Uhr

Erlebnisse

Oesterij Verkostung von Muscheln und Austern in einem Traditionsbetrieb. In einer ehemaligen Lagerhalle wird über die Zucht und Verarbeitung der Schalentiere informiert. ■ Havendijk 12, Tel. 0113 76 04 00, www.oesterij.nl, tgl. 10–18 Uhr, Eintritt frei

28 Zeeuws Vlaanderen

Der äußerste Südwesten der Niederlande war einst nur per Boot erreichbar

Information

■ VVV, Steenstraat 37, Hulst, Tel. 011 431 52 21, www.vvvzeeland.nl

Gute Busverbindungen nach Brügge, Gent und Antwerpen? Auf die können in den Niederlanden nur die Bewohner von Zeeuws-Vlaanderen bauen. Und das ist nicht weiter verwunderlich, denn das südlich der Westerschelde gelegene Stück niederländischen Territoriums grenzt an Belgien und der flämische Einfluss ist vielerorts deutlich zu spüren. Neben zahlreichen kleinen Festungsanlagen, die von einer wechselvollen Geschichte zeugen, lockt der Landstrich mit einst bedeutenden Städtchen wie Hulst oder Sluis, aber auch mit beliebten Badeorten wie Cadzand und Breskens.

ADAC Mobil

Westerscheldetunnel und -fähre

Seit der Eröffnung des 6,6 km langen Westerscheldetunnels im Jahr 2003 ist der Südwestzipfel des Landes auch ohne Grenzübertritt auf der Straße erreichbar. Die Durchfahrt dauert etwa 5 Min. und kostet 5 € pro Pkw. Fußgänger und Radfahrer können ganzjährig mit der Fähre von Vlissingen nach Breskens übersetzen (Fahrtdauer ca. 20 Min., hin und zurück mit Rad 8 €, Fahrplan unter www.westerscheldeferry.nl).

Jede Menge Platz bietet der breite, kilometerlange Strand von Breskens

Sehenswert

Breskens

| Hafen |

Ein Leuchtturm, ein Fischerei- und ein Jachthafen, erhebliche Gezeiten und reizvolle Strände prägen den an der Mündung der Westerschelde gelegenen Ort, dessen langgestreckte Promenade zu ausgedehnten Spaziergängen einlädt. Der Hafen ist schon seit 500 Jahren in Betrieb. Neuerdings lebt hier auch eine Kolonie Pinguine – im Form leuchtend roter Skulpturen auf einem riesigen Holzgerüst.

Cadzand

| Badeort |

Das Seebad rühmt sich, im Sommer die meisten Sonnenstunden in den gesamten Niederlanden zu haben. Der 11 km lange Strand wird lediglich von einem Entwässerungskanal unterbrochen. Die Küstenbebauung ist zuweilen etwas brachial.

Sluis

| Festungsstadt |

In Sluis lässt es sich gemütlich shoppen – die Geschäfte haben auch sonntags geöffnet. Das atmosphärische Städtchen besitzt darüber hinaus eine gut erhaltene Festung mit sechs Bastionen und ein Rathaus mit Belfried nach flämischem Vorbild. Enge Bindungen bestehen zum flämischen Brügge, da Sluis den dortigen Booten einst Zugang zum Meer gewährte.

Wandern

Het Zwin Bei Ebbe kann man von Cadzand durch den Zwin zum belgischen Knokke hinüberwandern. Der versandete Meeresarm steht über Priele mit der Nordsee in Verbindung und ist Teil eines grenzüberschreitenden Naturschutzgebiets mit ungewöhnlicher Flora und Fauna. ■ Besucherzentrum: Graaf Léon Lippensdreef 8, Knokke, www.zwin.be, tgl. 10–17/18 Uhr

Übernachten

In der ebenso hippen wie geschäftigen Hafenstadt Rotterdam gibt es vor allem am Wochenende prima Unterkünfte für relativ wenig Geld. Das trifft mit Abstrichen auch für Den Haag zu, doch je näher ein Hotel am Strand liegt, umso mehr steigt der Preis. In weiten Teilen Zeelands ist das Angebot groß, doch in der Hochsaison und an sonnigen Wochenenden kann es schnell knapp werden.

Rotterdam 48

€–€€ | Room Mate Bruno Hippes Designhotel mit farbenfroher Einrichtung in bester Lage zwischen der City und dem angesagten Viertel Kop van Zuid. Direkt nebenan gibt es in den Foodhallen vielfältige Optionen für alle Mahlzeiten. ■ Wilhelminakade 52, Tel. 010 892 95 80, www.room-matehotels.com

€€ | Hotel New York Geschmackvolles Hotel im ehemaligen Hauptsitz der Holland-Amerika-Lijn. Der heute von Hochhaustürmen gerahmte Backsteinbau steht am Wilhelmina-Pier im Rotterdamer Hafen, von dem Auswanderer aus ganz Europa in die Neue Welt aufbrachen. Im Wartesaal ist heute ein Restaurant untergebracht. Die Zimmer sind modern mit einer leicht extravaganten Note. ■ Koninginnenhoofd 1, Tel. 010 439 05 00, www.hotelnewyork.nl

15 **€€ | SS Rotterdam** Der altgediente Ozeandampfer ist im Hafen von Rotterdam zum vorerst letzten Mal vor Anker gegangen. Als Hotelschiff erinnert er mit seinem Fifties-Charme an die glamouröse Zeit des Reisens. Etwas außerhalb gelegen, aber stilecht per Wassertaxi zu erreichen. ■ 3e Katendrechtsehoofd 25, Tel. 010 297 30 90, www.ssrotterdam.nl

Delft 54

€€ | De Emauspoort Ruhiges Stadthotel im historischen Zentrum von Delft. Neben Standardzimmern und einem Apartment bietet das Haus ein Vermeer-Zimmer mit vielen Devotionalien sowie zwei gemütlich eingerichtete Wohnwagen im Innenhof. ■ Vrouwenregt 9–11, Tel. 015 219 02 19, www.emauspoort.nl

Den Haag 56

€€ | Central Park Dieses kleine Hotel verbirgt sich in einem alten Schloss im Vorort Voorburg. Das Anwesen breitet sich in einem kleinen Park am Fluss Vliet aus. Die großzügigen und mit äußerst bequemen Betten ausgestatteten Zimmer verfügen zum Teil über weitläufige Balkone. ■ Oosteinde 14, Voorburg, Tel. 070 387 20 81, www.centralparkvoorburg.com

€€ | Parkhotel Schönes Stadthotel mitten im angesagten Hofkwartier, direkt neben den Gärten des königlichen Palasts Noordeinde, auf die man vom stilvollen Frühstücksraum aus blickt. Die Zimmer sind frisch renoviert. Fast alle Sehenswürdigkeiten liegen in Fußentfernung. ■ Molenstraat 53, Tel. 070 362 43 71, www.parkhoteldenhaag.nl

€€€ | **Hotel des Indes** Klassisches Grand Hotel von 1881 mit reichlich Marmor, Kronleuchtern und livriertem Personal. Hier steigen Politiker, Gäste des Königshauses, Stars und Sternchen ab. Behagliche Lounge mit Live-Pianomusik. Die Standardzimmer sind hochpreisig, aber nicht unerschwinglich. ■ Lange Voorhout 54–56, Tel. 070 361 23 45, www.hoteldesindes.nl

Scheveningen 60

€€ | **Andante** Direkt hinter der Deichkrone gelegen, eignet sich das Haus sowohl für einen Stadt- als auch einen Strandurlaub. Das Hotel besteht aus einem stimmungsvollen Altbau mit hohen Decken und einem eher sachlichen Neubau mit Aufzug und Balkonen. ■ Seinpostduin 22–24, Tel. 070 262 93 33, www.andantehotel.nl

Leiden 61

€€ | **Fletcher Wellness-Hotel Leiden** Modernes Hotel mit geräumigen Zimmern und Wellnesslandschaft. Die historische Altstadt ist in wenigen Gehminuten erreichbar. Weil das Haus direkt am Bahnhof liegt, eignet es sich auch für Ausflüge nach Amsterdam. ■ Bargelaan 180, Tel. 071 870 02 60, www.wellnesshotelleiden.nl

Dordrecht 66

€€–€€€ | **Villa Augustus** Originelles Hotel im ehemaligen Wasserwerk der Stadt mit eigenem Bio-Gemüsegarten und Restaurant im Pumphaus. Gut die Hälfte der Zimmer bietet einen spektakulären Ausblick auf die Flusslandschaft. ■ Oranjelaan 7, Tel. 078 639 31 11, www.villa-augustus.nl

Renesse 67

€€ | **Badhotel** Dreisternehaus mit sachlichem, aber behaglichem Interieur und familiärer Atmosphäre. In gut zehn Minuten kann man durch die Dünen zum Strand spazieren. Auch Studios für Familien und ein kleines Ferienhäuschen werden vermietet. ■ Laone 2–6, Tel. 0111 46 25 00, www.badhotelrenesse.nl

Domburg 69

€€€ | **Badhotel** Luxushotel in einem mondänen Gebäude aus der Anfangszeit des Tourismus mit großzügigen Wellnesseinrichtungen, Grand Café und Restaurant. Die Zimmer sind modern, der Weg zum Strand ist nicht weit. ■ Domburgseweg 1a, Tel. 011 858 88 88, www.badhotel.com

Middelburg 71

€€–€€€ | **Boutique Hotel The Roosevelt** 28 individuell eingerichtete Zimmer mit betont moderner Note kontrastieren auf interessante Weise mit dem historischen Umfeld: In unmittelbarer Nähe befinden sich die Abtei und der Lange Jan, Middelburgs Wahrzeichen. ■ Nieuwe Burg 42, Tel. 011 843 63 60, www.hoteltheroosevelt.com

Cadzand 73

€€ | **Strandhuisjes Cadzand** 15 Hütten ermöglichen den Traum vom vorübergehenden Leben auf dem Strand. Große Panoramafenster, Terrasse, Küche und ein kleines Bad machen die schlichte Einrichtung vergessen. ■ Cadzand Bad, kein Tel., www.strandhuisje.nl, März–Okt., mind. 2 Nächte

Noord-Brabant und Limburg

In der Region südlich der großen Flüsse zeigen sich die Niederlande von ihrer lebens- und genussfreudigen Seite

Der Süden der Niederlande hebt sich deutlich vom Rest der Nation ab – nicht nur in Hinblick auf die Topografie, sondern auch auf die Mentalität der Menschen.

In den Provinzen südlich von Maas und Waal konnte sich der Protestantismus nach dem Ende des Achtzigjährigen Krieges nicht in dem Maße durchsetzen wie im Landesnorden. Die Folgen waren gravierender, als Außenstehende vermuten würden, denn während im calvinistischen Norden Bescheidenheit und die persönliche Bereitschaft zum Verzicht groß geschrieben wurden, pflegte man im Süden, der lange zu Frankreich bzw. Belgien gehörte, einen eher hedonistischen, kulinarischen und anderen Freuden nicht abgeneigten Lebensstil. Das ist bis heute spürbar: Eine französisch anmutende Genusskultur, am liebsten unter freiem Himmel praktiziert, gehört in Städten wie s'Hertogenbosch und Breda zum Alltag.

Abgesehen von diesen Mentalitätsunterschieden sind die Provinzen Limburg und Noord-Brabant viel weniger dicht besiedelt. Der Süden Limburgs straft sogar den Namen »Niederlande« Lügen: Hier bringen Hügel Radfahrer und Wanderer ordentlich ins Schwitzen. Über dem Dreiländereck mit Belgien und Deutschland thront denn auch die höchste Erhebung des Landes, der Vaalserberg mit seiner Gipfelhöhe von 322,7 m.

Ganz in der Nähe befindet sich mit Maastricht eine der interessantesten und lebenswertesten Städte Mitteleuropas. In der Maas-Metropole pulsiert die Kulturszene, und keine andere Stadt in den Niederlanden hat so viel geballte Gastronomiekultur aufzuweisen. Die französische Grenze ist hier deutlich näher als Amsterdam oder Den Haag. Auch wer des Niederländischen mächtig ist, kann hier Verständigungsprobleme haben, denn die örtliche Bevölkerung spricht einen Dialekt, den man nördlich der großen Flüsse schlicht und einfach nicht versteht.

Im Südzipfel des Landes schließlich lockt das romantische Valkenburg mit erholsamen Thermen, Mergelgrotten und einer waldreichen Umgebung.

In diesem Kapitel:

29 Bergen op Zoom 78
30 Breda 78
31 Tilburg 80
32 s'Hertogenbosch 81
33 Woudrichem 82
34 Eindhoven 83
35 Nuenen 84
36 Venlo 85
37 Maastricht 86
38 Valkenburg 89
Übernachten 90

ADAC Empfehlungen:

16 **Boekhandel Dominicanen, Maastricht**
| Buchhandlung |
Diese Buchhandlung residiert in einer ehemaligen Kirche, die vorher schon einen Boxring und eine Automobilschau beherbergte. 86

17 **Grotten am Sint Pietersberg, Maastricht**
| Höhlensystem |
Verzweigtes Labyrinth unterirdischer Gänge im weichen Mergelstein der Limburger Hügellandschaft, das man bei Führungen erkunden kann. 87

18 **Witloof, Maastricht**
| Restaurant |
Rustikale belgische Küche und über 300 Biersorten, von denen jede im passenden Glas serviert wird, dazu eine Vielzahl von Radsportdevotionalien als Deko. 88

29 Bergen op Zoom

Von Spargel- und Erdbeerfeldern umgebene ehemalige Festungsstadt

Information

■ VVV Brabantse Wal, Steenbergsestraat 6 (im Markiezenhof), Tel. 016 427 74 82, www.vvvbrabantsewal.nl

Bergen op Zoom ist ein gut erhaltenes Festungs- und Handelsstädtchen mit einer wechselhaften Beziehung zum Wasser. Bis zum Bau der Deltawerke hatte der Ort mit seinen 66 000 Einwohnern offenen Zugang zum Meer. Der Schutz vor den Fluten der Nordsee war nicht der einzige künstliche Eingriff, denn auch der Schelde-Rhein-Kanal führt direkt an Bergen op Zoom vorbei. Sowohl Rotterdam als auch Antwerpen lassen sich daher gut auf dem Wasserweg erreichen. Der gepflasterte Marktplatz ist großzügig angelegt und von schmucken Bauten wie dem Stadhuis gerahmt – in der Mitte stellen Cafébesitzer bei schönem Wetter ihre Korbstühle auf.

Sehenswert

Markiezenhof

| Geschichtsmuseum |

In dem imposanten spätgotischen Stadtpalast residierten einst die Markgrafen. Heute sind hier ein Museum für Regionalgeschichte, ein Kirmesmuseum und ein Veranstaltungszentrum untergebracht, in dem neben Wechselausstellungen lokaler Künstler auch Konzerte stattfinden.

■ Steenbergsestraat 8, www.markiezenhof.nl, Di–So 11–17 Uhr, 9,50 €, erm. 5,50 €

Restaurants

€€–€€€ | **t'Spuihuis** Moderne Küche in historischem Ambiente. Viele Zutaten stammen aus der fruchtbaren Umgebung. Im Sommer lockt eine reizvolle Außenterrasse. ■ Spui 1, Tel. 016 423 31 96, www.spuihuis.nl, Mo, Di, Do–Sa 18–21, Fr auch 12–14, So 12–21 Uhr

30 Breda

Die burgundisch geprägte Stadt ist eine Karnevalshochburg

Information

■ VVV Breda, Grote Markt 38 (temporär Stadserf 2), Tel. 076 522 20 93, vvv.breda.nl

Anders als der calvinistische Norden sind die Provinzen Noord-Brabant und Limburg bis heute weitgehend katholisch geprägt. Das hat in Breda (Betonung auf der zweiten Silbe) zwar keine Auswirkungen auf die Grote Kerk, die seit 1637 protestantisch ist. Dafür gibt sich die rasch wachsende Stadt mit ihren 190 000 Einwohnern »bourgondisch« – ein Begriff, der mit Genuss und Lebensfreude verbunden ist. Am nördlichen Grachtengürtel steht mit dem Kasteel van Breeda das Stammschloss des niederländischen Königshauses. Zu seiner Verteidigung wurde 1509 das Spanjaardgat erbaut, ein Wassertor mit zwei massiven Wehrtürmen. Fans moderner Architektur sollten sich den Chassé Park nicht entgehen lassen, einen von Rem Koolhaas geplanten Apartmentkomplex. Auf dem Areal einer ehemaligen Kaserne sind skulpturale Hochhaustürme mit rund 700 Wohnungen zu einem futuristischen Campus vereint.

In der Grote Kerk in Breda fanden alle späteren Oranier ihre letzte Ruhestätte

Sehenswert

Grote Kerk

| Kirche |

Das Gotteshaus im Stil der Brabanter Gotik wurde 1547 vollendet, sein 97,5 m hoher Turm ist das unumstrittene Wahrzeichen der Stadt. Da Breda bis zur spanischen Besatzung Sitz der Grafen von Nassau-Oranien war, sind in der Prinzenkapelle einige Mitglieder des Adelshauses begraben, ihre Historie ist ausführlich dokumentiert.

■ Kerkplein 2, www.grotekerkbreda.nl, Mo–Sa 10–17, So 13–17 Uhr

Begijnhof

| Städtebauliches Ensemble |

31 blumengeschmückte Häuschen, die um zwei Höfe, eine kleine Kirche und einen Kräutergarten gruppiert sind – viel malerischere Siedlungen wird man auf diesem Planeten kaum finden. Von 1267 bis 1990 bewohnten Beginen die Anlage, heute sind es alleinstehende Frauen. In einer der Wohnungen wurde ein Museum eingerichtet.

■ Catharinastraat 45, www.begijnhofbreda.nl, Hof und Garten tgl. 9–18 Uhr, Museum Di–So 12–16 Uhr, 2 €

Restaurants

€€–€€€ | **Restaurant Chocolat** Zeitgenössische Küche mit französischem Touch in schickem Ambiente. Gute Menüs zu fairen Preisen, auf Wunsch mit Weinbegleitung. ■ Torenstraat 9a, Tel. 076 5335975, www.restaurantchocolat.nl, Mo 12–24, Di–Sa 11–24 Uhr

Cafés

Wer sich nicht mit den vielen Cafés auf dem Grote Markt begnügen möchte, findet außerhalb der City auf dem Ginnekenmarkt weitere Beispiele für Brabanter Lebensart.

31 Tilburg

Die Industriestadt ist ein Zentrum der niederländischen Textilproduktion

Information

■ VVV, Spoorlaan 434a, Tel 013 532 37 20, www.vvvtilburg.nl

Der Westpoint-Turm war mit 143 m für eine Weile das höchste Wohnhaus der Niederlande. Und der amerikanische Elektroauto-Pionier Tesla hat in Tilburg sein europäisches Montagewerk errichtet. Dies sind nur zwei Beispiele dafür, dass sich Brabants zweitgrößte Stadt (210 000 Einwohner) als zeitgenössisch definiert. Auch sonst müssen sich Touristen nicht langweilen, denn es gibt interessante Museen, und ganz in der Nähe befinden sich mit De Efteling und Beekse Bergen zwei der größten Freizeitparks des Landes.

Die Einwohner von Den Bosch sind stolz auf ihre Kathedrale Sint Jan

Sehenswert

Museum de Pont

| Kunstmuseum |

Tolles Ausstellunghaus in einer ehemaligen Wollspinnerei mit moderner Kunst aus dem Nachlass des Unternehmers Jan de Pont. Zur Sammlung gehören Werke von Sigmar Polke, Gerhard Richter und Luc Tuymans.

■ Wilhelminapark 1, www.depont.nl, Di–So 11–17, Do bis 20 Uhr, 12,50 €, erm. 7,50 €, Do ab 17 Uhr Eintritt frei

Restaurants

€–€€€ | **Taste!** Kulinarische Abenteuerreise mit französischen und asiatischen Einflüssen, deren Dauer der Gast auf einen bis zehn (!) Gänge festlegen kann. ■ Hotel Mercure, Heuvelpoort 300, Tel 013 535 32 96, www.taste-tilburg.nl, Di–Sa 17.30–22 Uhr

Konzerte

Poppodium 013 Eine der besten Konzerthallen des Landes mit intimer Atmosphäre und beständig guter Programmierung. ■ Veemarktstraat 44, Tel. 013 460 95 00, www.013.nl

Kinder

Beekse Bergen

| Safaripark |

Afrika in Brabant. Mit diesem Slogan wirbt die durchaus nett gemachte Anlage vor den Toren Tilburgs. Auf dem Gelände gibt es auch einen See, ein Schwimmbad, einen Vergnügungspark und ein Feriendorf.

■ Beekse Bergen 1, Hilvarenbeek, www.beeksebergen.nl, wechselnde Zeiten s. Website, 26 €, erm. 22,50 €, Parken 9,50 €

De Efteling

| Freizeitpark |

Auf einer Holzachterbahn Drachenköpfen ausweichen. Feucht-fröhliche Bekanntschaft mit dem »Fliegenden Holländer« machen. Veträumte Fahrten durch die Welt der Einhörner, Trollle und Elfen. Oder auf einem Dampfkarussell eine Reise in die Vergangenheit unternehmen. Dies alles ermöglicht De Efteling, der größte Freizeitpark der Niederlande. Zwischen all den Fahrgeschäften breitet sich immer noch die Hauptattraktion aus: ein Märchenwald, in dem 27 Geschichten erzählt werden.

■ Europalaan 1, Kaatsheuvel, www.efteling.com, wechselnde Öffnungszeiten s. Website, ab 38 €, Parken 12,50 €

32 s'Hertogenbosch

Eindrucksvolle Verteidigungswälle umgeben den mittelalterlichen Stadtkern

i Information

■ VVV, Markt 77, Tel. 073 6127170, www.bezoekdenbosch.nl

Die Hauptstadt der Provinz Nord-Brabant besitzt eine zauberhafte Altstadt mit Grachten, hübschen Giebelhäusern und einer Vielzahl netter Cafés, Restaurants und Geschäfte. Der größte Sohn der Stadt hat sich nach ihr benannt: Hieronymus Bosch (1450–1516). Kaum weniger berühmt ist die mächtige Sint-Jans-Kathedrale, eine der schönsten gotischen Kirchen der Niederlande. Außerhalb der ehemaligen Garnisonsstadt zeigt Den Bosch sein modernes Gesicht: Das Paleiskwartier hinter dem Bahnhof überzeugt durch kühne Architektur.

ADAC Mittendrin

Gezellig genieten

»Gezellig«. Dieses Adjektiv fällt häufig in Zusammenhang mit Den Bosch. Die zentral gelegene Stadt sprüht vor Lebens- und Genussfreude. Die Einheimischen treffen sich vorzugsweise auf einem »terrasje«, wo sie unter freiem Himmel zu einer Tasse Kaffee eine »Bossche Bol« verzehren, ein kugelförmiges Gebäck mit Sahnefüllung und Schokoladenüberzug. Die Bäckerei Jan de Groot stellt die lokale Spezialität noch nach Originalrezept her (Stationsweg 14, www.bosschebollen.nl, Mo–Fr 8–18, Sa 8–17 Uhr).

Sehenswert

Sint-Janskathedraal

| Kirche |

Die zwischen 1380 und 1530 errichtete Kathedrale stellt einen Höhepunkt der Brabanter Gotik dar. Auf dem Dach der Kirche stehen 96 Statuen, die aussehen als wären sie einem Gemälde von Hieronymus Bosch entsprungen.

■ Torenstraat 16, www.sint-jan.nl, Mo–Sa 8–17, So 9–17 Uhr

Jheronimus Bosch Art Center

| Kunstmuseum |

Dokumentationszentrum zu Ehren des berühmtesten Sohns der Stadt in einer ausgemusterten Kirche. Im Turm werden Reproduktionen der 23 erhaltenen Bilder gezeigt. Hinzu kommen ein Maleratelier des 15. Jhs. und Multimedia-Applikationen.

■ Jeroen Boschplein 2, www.jheronimusbosch-artcenter.nl, Di–So 11–17.30, Nov. bis März 12–17 Uhr, 7,50 €, erm 3,75 €

Het Noordbrabants Museum

| Museum |

Ausstellung zur Geschichte und Kunst der Region im Gouverneurshuis aus dem 18. Jh. Mit einem kleinen Dokumentationszentrum zum Leben und Werk von Hieronymus Bosch sowie ein paar Originalen von van Gogh – der aus dem nahen Nuenen stammt.

■ Verwersstraat 41, www.hetnoordbrabantsmuseum.nl, Di–So 11–17 Uhr, 15 €, erm. 7,50 €, bis 18 Jahre gratis

Restaurants

€ | **Pilkington's** Restaurant mit Tea-Room, das den Errungenschaften der Kochkunst im Commonwealth huldigt – inklusive High Tea am Nachmittag. ■ Torenstraat 5, Tel. 073 612 29 23, www.pilkingtons.nl, Mo 11.30–17, Do–Sa 10–22, So 10–19 Uhr

Kneipen, Bars und Clubs

Korte Putstraat Eine höhere Kneipendichte als in dieser Gasse dürfte nur an wenigen Orten zu finden sein. In den 17 Lokalen scheint ganz Brabant zu essen, zu trinken und zu feiern. ■ www.korte-putstraat.nl

Erlebnisse

Rundfahrt auf der Binnendieze Im offenen Flüsterboot geht es 50 Min. lang über die schmalen Wasserläufe der Binnendieze, eines mittelalterlichen Kanalsystems. Diese befinden sich weit unterhalb des Straßenniveaus und führen teils unter der Bebauung hindurch – ein besonderes Erlebnis. ■ Sint Janssingel 25, Tel. 073 612 23 34, www.dagjedenbosch.com, April–Okt., 8,50 €, erm. 4,25 €

33 Woudrichem

Festungsstädtchen am Zusammenfluss von Waal und Maas

Information

■ www.biesboschlinie.com

Die Niederlande mögen klein sein. Doch sie bergen bis heute kaum bekannte Flecken mit einer erstaunlichen Historie. So eine erzählt auch Woudrichem: Nachdem die Spanier 1573 gleich zwei Mal über den Ort hergefallen waren, hatten die Einwohner genug: Sie bauten eine Festung, die 1586 vollendet wurde. Es ist ein massives Bauwerk mit Stadtwall, Graben, Bastionen und Arsenal geworden, das bis heute in kaum veränderter Form erhalten ist. Im Inneren befinden sich exakt 310 Häuser, die sich entlang einer Handvoll Sträßchen aufreihen.

Sehenswert

Korenmolen Nooit Gedagt

| Windmühle |

Die nach Originalplänen rekonstruierte Kornmühle kann besichtigt werden, von der Aussichtsplattform genießt man einen schönen Blick über die Festung. Im Erdgeschoss befindet sich ein Laden mit hauseigenen und regionalen Produkten.

■ Rijkswal 7, www.molennooitgedagt.nl, Do, Fr, So 13–17, Sa 10–17 Uhr

Slot Loevestein

| Schloss |

Eine Fußgängerfähre verkehrt von Woudrichem zu dem trutzigen Wasserschloss aus dem 14. Jh. Hier wurde früher Zoll von den Schiffern auf Waal

Schloss Loevestein liegt in einer urholländischen Flusslandschaft

und Maas erhoben – ein lukratives Geschäft. Im 17. Jh. wurde Schloss Loevestein zum Staatsgefängnis.

■ Loevestein 1, Poederoijen, www.slotloevestein.nl, März–Okt. tgl. 11–17, sonst bis 16 Uhr, 14 €, erm. 9,50 €

34 Eindhoven

Die Industriestadt punktet durch Fortschrittlichkeit in Sachen Design

Information

■ Brandstore, Stationsplein 17, Tel. 0900 112 23 63, www.thisiseindhoven.nl

Anders als Breda oder Den Bosch ist Eindhoven keine Schönheit. Auch hat es kürzlich einen wichtigen Teil seiner Identität verloren, als der Industriegigant Philips seine Hauptverwaltung nach Amsterdam verlegte. Dennoch kommt es der fünftgrößten Stadt der Niederlande (230 000 Einwohner) nicht in den Sinn, den Kopf hängen zu lassen. Der wirtschaftliche Motor des Südens schnurrt unbeirrt weiter – und die Heimat des Fußballvereins PSV feiert sich als Design-Hauptstadt der Niederlande.

Sehenswert

Philips-Museum

| Industriemuseum |

Eindhoven hat ein Stück weit zur Erhellung des Planeten beigetragen, denn es war die Firma Philips, die große Erfolge mit der industriellen Produktion von Glühbirnen verbuchte. Wie daraus ein Konzern wurde, der von Röntgen-Apparaten bis zu Fernsehern immer neue Technologien zum Erfolg brachte, erfährt man bei einem Besuch im firmeneigenen Museum.

■ Emmasingel 31, www.philips.nl, Di–So 11–17 Uhr, 9 €, erm. 5 €

DAF-Museum

| Automobilmuseum |

Die Van Doorne's Automobielfabriek hat den Niederlanden von 1959 bis 1976 eine Ära im Land hergestellter Pkws beschert. Anschließend wurde die Sparte von Volvo übernommen. Viele der Wagen können in der Werkstatt bewundert werden, in der die Brüder Hub und Wim van Doorne ab 1928 Reparaturarbeiten ausführten.

■ Tongelresestraat 27, www.dafmuseum.nl, Di–So 10–17 Uhr, 9 €, erm. 7/4 €

Restaurants

€–€€ | **Kazerne – Home of Design** Als sympathische Mischung aus Design-Ausstellung und Allzweck-Restaurant trifft dieses Lokal den Zeitgeist der Stadt auf perfekte Weise. ■ Paradijslaan 2–8, Tel. 040 207 37 30, www.kazerne.com, Di–Sa ab 18 Uhr

Kneipen, Bars und Clubs

Die längste Theke der Welt? Davon existiert auch in den Niederlanden eine Version. Sie befindet sich in Eindhoven, trägt den Namen **Stratumseind** und zählt mehr als 50 Bars, Kneipen, Cafés und Restaurants. ■ Tgl. bis 2, Fr, Sa bis 4 Uhr, www.stratumseind.net

Events

Dutch Design Week An zehn Tagen Ende Oktober steht Eindhoven mit Ausstellungen, Vernissagen, Symposien und Themenrouten ganz im Zeichen der Gestaltungskunst. Die Design Academy Eindhoven und die Technische Universität sind Garanten für immer neue Ideen. Viele Aktivitäten sind kostenlos. ■ www.ddw.nl

35 Nuenen

In dem kleinen Dorf schuf Vincent van Gogh sein erstes Meisterwerk

Information

■ www.vangoghvillagenuenen.nl

Es hat eine Weile gedauert, bis das Dorf die Einladung angenommen hat. Doch seit 2010 ist Nuenen gerüstet für späten Ruhm. In diesem Jahr hat in Nuenen das Vincentre eröffnet, das sich mit Leben und Werk des womöglich innovativsten Malers des 19. Jhs. befasst: Vincent van Gogh.

Sehenswert

Vincentre

| Kunstmuseum |

Gut gemachtes Dokumentationszentrum über den Maler, der von 1883 bis 1885 in Nuenen lebte, nachdem sein Vater dort Pfarrer geworden war. In Nuenen bannte er »Die Kartoffelesser« auf Leinwand. Ein Themenpfad führt zu 23 Orten, die von van Gogh gemalt wurden oder auf andere Weise mit ihm in Verbindung stehen.

■ Berg 29, www.vangoghvillagenuenen.nl, Di–So 10–17 Uhr, 8 €, erm. 4,25 €

Sport

Van Gogh-Rosegaarde Fietspad Kurz hinter der Stadtgrenze von Nuenen hat der Künstler Daan Rosegaarde einen Radweg mit einem bei Dunkelheit leuchtenden Pflaster ausgestattet, das vom Gemälde »Die Sternennacht« inspiriert ist. Der Weg ist 600 m lang und ein Teil der Van-Gogh-Fahrradroute. ■ www.vangoghbrabant.com

36 Venlo

Der Grenzort ist vor allem bei Deutschen als Einkaufsstadt beliebt

Information

■ VVV, Klaasstraat 17, Tel. 077 354 38 00, www.vvvkantoorvenlo.nl

Deutsch wird in dem Grenzstädtchen immer mehr zur zweiten Amtssprache. Auch in Zeiten des vereinten Europas kommen viele Bundesbürger hierher, um günstig einzukaufen – Obst, Gemüse, Kaffee und Kleidung stehen dabei ganz oben auf der Liste. Die Stadt ist keine Schönheit und besitzt kaum Sehenswürdigkeiten, hat sich aber in der jüngeren Vergangenheit hübsch herausgeputzt. Ein Bummel durch das Zentrum ist durchaus »gezellig«. Das Renaissance-Rathaus wurde aufwendig restauriert – und auch das lange vernachlässigte Maasufer zeigt sich nun von seiner einladenden Seite.

Parken

Im Zentrum von Venlo gibt es vier Parkhäuser, ein Parkleitsystem zeigt freie Plätze an. Nahe am Markt liegt die Parkgarage Nolensplein. Das Parken an der Straße ist in der Innenstadt von 9 bis 18 Uhr kostenpflichtig, am Donnerstag bis 21 Uhr. Die maximale Parkdauer beträgt 2 Std.

Einkaufen

Designer-Outlet Roermond 25 km südwestlich von Venlo liegt mit Roermond eine Stadt, die sich in noch stärkerem Maße über das Shopping definiert: Das hiesige Designer-Outlet ist

Für diesen Radweg bei Nuenen stand van Goghs »Sternennacht« Pate

an 363 Tagen im Jahr geöffnet und konnte zuletzt rund 5 Mio. Besucher pro Jahr zählen – fast so viele wie der Kölner Dom. ■ Stadsweide 2, Roermond, www.designer-outlet-roermond.de, Mo bis Fr 10–20, Sa, So 9–21 Uhr

ADAC Wussten Sie schon?

Spargelhauptstadt Venlo

Die Umgebung von Venlo ist berühmt für Spargel, der im Mai und Juni gestochen wird. Das königliche Gemüse wird auch touristisch vermarktet, u. a. mit der 70 km langen **Spargelroute,** die in Venlo beginnt und endet. Eine Station ist das **Asperge- en Champignonmuseum** in Melderslo, das über Anbau und Verarbeitung der weißen Stangen informiert (Nähere Infos unter www.delocht.nl).

37 Maastricht

Die Stadt an der Maas besitzt die Qualitäten einer Metropole

Lohn für den Aufstieg zum Turm von Sint Jan ist ein herrlicher Blick über Maastricht

Information

- VVV, Kleine Staat 1, Tel. 043 3252121, www.besuchemaastricht.de
- Parken siehe S. 88

Ein mittelalterlicher Stadtkern, der von einem stattlichen Strom geteilt wird. Plätze mit altem Baumbestand, auf denen bei gutem Wetter Cafés Tische aufstellen. Drumherum Parks und eine zum Teil begehbare Stadtmauer. All dies ergibt unter dem Strich den seltenen Glücksfall einer Stadt, die nur 125000 Einwohner hat, aber alle Qualitäten einer Metropole mitbringt.

Sehenswert

1 Boekhandel Dominicanen

| Buchhandlung |

16

Mehr als 20000 Bücher finden unter den Kirchengewölben Platz

Die mit Abstand schönste Buchhandlung des Landes hat ihre Regale in der Kirche eines ehemaligen Dominikanerklosters platziert. Im Chor kann man nun Caffè Latte und hausgemachten Kuchen genießen. Regelmäßig finden Lesungen und Konzerte statt.

- Dominicanerkerkstraat 1, www.libris.nl/dominicanen, Mo 10–18, Di, Mi, Fr, Sa 9–18, Do 9–21, So 12–18 Uhr

Plan S. 89

2 Vrijthof

| Platz |

Der weiträumige Platz wird von historischen Bauwerken wie der Sint Servaasbasiliek und der Sint-Janskerk gerahmt, die an jene Epoche erinnern, als Maastricht ein Zentrum des Glaubens war. An der Ostflanke indes herrscht pure Lebensfreude, streiten Einheimische mit Besuchern um die Korbstühle der vielen Cafés. Besonders voll wird es auf dem Platz, wenn der berühmteste Sohn der Stadt konzertiert: Schnulzen-Star André Rieu. Der Maastrichter Karneval ist der größte der Niederlande.

3 Bisschopsmolen

| Mühle |

Die Kornmühle am Flüsschen Jeker wurde schon im 11. Jh. urkundlich erwähnt. Das heutige Bauwerk stammt aus dem 17. Jh. und lohnt nicht nur wegen der Architektur einen Schlenker: In dem Komplex befindet sich heute die landesweit erste Bäckerei, die ausschließlich mit Dinkel arbeitet.

■ Stenenbrug 3, www.bisschopsmolen.nl, Di–Sa 9–18, So 10–17 Uhr

4 Bonnefantenmuseum

| Kunstmuseum |

Das von Aldo Rossi gestaltete Museum für Archäologie und Kunstgeschichte fällt bei der Überquerung der Maas durch seine ungewöhnliche Silhouette mit einem zinkverkleideten Turm auf. Das Spektrum der Sammlung reicht von mittelalterlichen Skulpturen über barocke Malerei bis zu zeitgenössischen Multimedia-Installationen, die Wechselausstellungen sind anspruchsvoll programmiert.

■ Ave. Céramique 250, www.bonnefanten.nl, Di–So 11–17 Uhr, 12,85 €, erm. 6,50 €

5 Grotten am Sint Pietersberg

| Höhlensystem |

17 *Unterirdisches Labyrinth von einst mehr als 20 000 Gängen*

Nur wenige Hundert Meter südlich der City beginnt die Limburger Hügellandschaft. In dem weichen Gestein ist über die Jahrhunderte durch den Abbau von Mergel ein weit verzweigtes Grottenlabyrinth entstanden. Vorbei an Stein-

Im Blickpunkt

Pilgerziel für Gourmets

Fritten, Pfannkuchen und Käse – das sind die kulinarischen Aushängeschilder der Niederlande. Daher hat die Gastronomie des Landes eine eher zweifelhafte Reputation. Doch in den letzten Jahrzehnten sind unsere Nachbarn zu Genießern mit Gourmetambitionen geworden. Eine junge Garde von Spitzenköchen kultiviert die Verwendung heimischer Produkte – dazu gehören Austern, Muscheln, Spargel und Endivien, edle Käsesorten und neuerdings auch Wein. Maastricht gilt als Kapitale der Schlemmermäuler mit acht Sternerestaurants und einem Dutzend Bib-Gourmand-Etablissements im Umkreis von wenigen Kilometern um die Stadt herum (Liste unter www.maastrichtculinair.com). Viele davon laden zweimal jährlich während der Restaurantwoche »Maastricht aan Tafel« zu einem 3-Gang-Menü für etwa 25 € ein.

brüchen und Wandmalereien begleiten erfahrene Führer Besucher durch das mehr als 80 km lange Gängesystem, in dem während der deutschen Besatzung Kunstwerke versteckt wurden. Der Besuch der Grotten ist mit einer Schifffahrt über die Maas kombinierbar.
■ Luikerweg 71, www.maastrichtunderground.nl, ab 7,20 €, erm. 5,70 €

P Parken

Maastricht verfügt über mehrere Park-&-Walk-Parkplätze, von denen sich das Zentrum in 10 Gehminuten erreichen lässt. Günstig gelegen ist der Platz an der Kennedybrug.

Restaurants

€ | **Reitz Frituur** Wenn die Menschen bis auf den Marktplatz Schlange stehen, um in den Genuss der hausgemachten Fritten zu kommen, muss es Gründe dafür geben. ■ Markt 75, Tel. 043 3215706, www.reitz.nl, Di–So 11–19, Do bis 21.15 Uhr, Plan S. 89 b1

18 €€ | **Witloof** Radsport-Devotionalien als Deko, 351 belgische Biere auf der Karte und deftige Küche von guter Qualität. Mit diesem Konzept hat das sympathische Lokal die Herzen der Menschen im Dreiländereck erobert. ■ Sint Bernardusstraat/Helstraat 12, Tel. 043 323 35 38, www.witloof.nl, Mi–So 17–24 Uhr, Plan S. 89 b2

Einkaufen

Dutzende autobefreite Gässchen mit überwiegend eigentümergeführten Geschäften. Ein paar breitere Fußgängerzonen mit den üblichen Filialen großer Ketten. Und dazu mit dem Mosae Forum und dem Entre Deux zwei

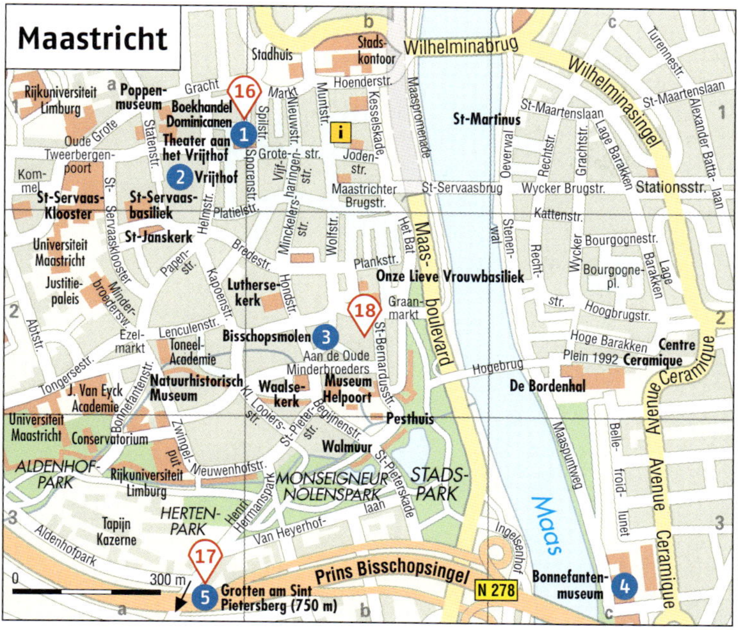

Einkaufszentren, die sich von der üblichen Tristesse solcher Etablissements deutlich abheben. All dies macht Maastricht zu einer traumhaften Einkaufsstadt. Ach ja, und die Parkplätze sind auch noch billig.

38 Valkenburg

Das idyllische Städtchen gefällt sich in seiner Rolle als Freizeitpark für alle

Information

■ VVV, Theodoor Dorrenplein 5, Tel. 0900 555 97 98, www.visitzuid-limburg.de

Der Cauberg ist der steilste Berg der Niederlande. Direkt am Ortsausgang von Valkenburg gelegen, müssen ihn die Teilnehmer des Radsportklassikers Amstel Gold Race gleich mehrfach erklimmen. Auch sonst zieht das Dorf gekonnt die Aufmerksamkeit auf sich, denn es bietet Mergelgrotten, römische Katakomben, eine Steinkohlemine, ein Kasino, ein Spaßbad mit Wildwasserbahn, eine Sommerrodelbahn und allerlei andere Attraktionen, die zusammen einen Themenpark für Jung und Alt ergeben. Mit anderen Worten: Valkenburg steht für gute Unterhaltung.

Entspannung

Thermae 2000 Auf dem Cauberg liegt etwas versteckt ein großes Thermalbad mit Saunalandschaft, Hallenbad und Freiluftbecken. Massagen und andere Wellnessanwendungen gehören ebenfalls zum Angebot. An das Wellnesszentrum angeschlossen sind ein Hotel und ein Restaurant. ■ Cauberg 25–27, www.thermae-2000.de, tgl. 9–23 Uhr, Tageskarte 36,50 €

Übernachten

Brabant und Limburg sind Provinzen für Genießer. Zwischen Den Bosch und Maastricht hat man seit jeher ein größeres Faible für Luxus. Vor allem in Maastricht gibt es formidable Unterkünfte, während die eher technikaffinen Städte wie Tilburg und Eindhoven mehr mit Design punkten.

Bergen op Zoom 78

€€ | **Grand Hotel De Draak** Das älteste fortlaufend bestehende Hotel der Niederlande (eröffnet 1397) kombiniert auf elegante Weise antike Einrichtungsgegenstände und modernen Komfort. ■ Grote Markt 36, Tel. 016 425 20 50, www.hoteldedraak.nl

Breda 78

€€–€€€ | **Bliss Boutique Hotel** Hirschgeweih, freistehende Badewanne, rote Samtmöbel und Kamin gehören in unterschiedlichen Variationen zum Mobiliar dieses kleinen Boutiquehotels, das seine Zimmer augenzwinkernd als »Eskapaden für die Nacht« anpreist. ■ Torenstraat 9, Tel. 076 533 59 80, www.blisshotel.nl

Tilburg 80

€€ | **Auberge Du Bonheur** Zeitgemäße und komfortable Unterkunft westlich des Zentrums am Rand des Stadtwalds. Wer dienstags oder donnerstags hier nächtigt, kann es sich auch unbequem machen: An beiden Abenden können Hotelgäste kostenlos an einem Boot Camp teilnehmen, einem strammen Konditionstraining. ■ Bredaseweg 441, Tel. 013 468 69 42, www.bonheurhorecagroep.nl

s'Hertogenbosch 81

€–€€ | **Mövenpick Hotel** Modernes Haus am Stadtrand. Vor allem an den Wochenenden sind die Zimmer preiswert. Zusätzlich zum günstigen Parkplatz gibt es auch einen Radverleih (8 € pro Tag). ■ Pettelaarpark 90, Tel. 073 687 46 74, www.moevenpick-s-hertogenbosch.com

€€€ | **Sense** Kleines Boutiquehotel mit drei Zimmern und vier Suiten direkt neben dem Jheronymus Bosch Art Center. Zum Haus gehört das gleichnamige Restaurant, das mit einem Michelin-Stern ausgezeichnet wurde. ■ Jeroen Boschplein 6, Den Bosch, Tel. 073 610 35 56, www.sensehotel.nl

Eindhoven 83

€ | **Student Hotel** Mit der Idee, gleichzeitig als Studentenwohnheim und Hotel zu firmieren, hat es die kleine Kette zum Shooting-Star der niederländischen Übernachtungsindustrie gebracht. Die Zimmer sind sachlich, die öffentlichen Räume dafür umso auffälliger gestaltet. Die Lage am Bahnhof könnte zentraler nicht sein. ■ Stationsweg 1, Tel. 040 231 97 92, www.thestudenthotel.com

€–€€ | **Boutique Hotel Lumiere** Hypermodernes Hotel mit schickem Design, das in vielerlei Hinsicht mit dem

Motiv der Lichtstadt Eindhoven spielt. Neben sehr bequemen Betten ist die zentrale Lage ein Pluspunkt. ■ Hooghuisstraat 31a, Tel. 040 239 49 50, www.hotellumiere.nl

Venlo 85

€€ | Het Arresthuis Sie wollten schon immer einmal in einem Gefängnis nächtigen? In diesem Hotel bekommen Sie die Gelegenheit dazu. Besonders stilecht schläft es sich in den ehemaligen Zellen und Freizeiträumen der Häftlinge. Deutlich komfortabler geht es in den beiden »De Rechter« und »De Advocaat« getauften Suiten zu. ■ Pollartstraat 7, Roermond, ca. 30 km südwestlich von Venlo,Tel. 475 87 08 70, www.hetarresthuis.nl

€€–€€€ | Sandton Chateau De Raay Bei all den Städten und Stränden geraten die Landhotels in den Niederlanden stets ein wenig ins Hintertreffen. Dieses hier vereint ein schmuckes Schlossgut in waldreicher Umgebung mit einem großzügigen Garten, angeschlossenem Art Center und individuell eingerichteten Zimmern. ■ Raayerveldlaan 6, Baarlo, ca. 8 km südwestlich von Venlo,Tel. 077 321 40 00, www.sandton.eu/baarlo

Maastricht 86

€ | Townhouse Jugendliches Designhotel in guter Lage. Die Basic-Zimmer sind allerdings so klein, dass man sich darin kaum umdrehen kann. Einen Lösungsvorschlag liefern die Innenarchitekten in Form von Klappmöbeln gleich mit. ■ St. Maartenslaan 5, Tel. 043 323 30 90, www.townhousehotels.nl

€€–€€€ | The Dutch Stilvolle Unterkunft mit leicht verspieltem Interieur, das auf eine Vorliebe der Betreiber für Flamingos schließen lässt. Das Frühstück wird im Beutel auf dem Zimmer oder in den Gesellschaftsräumen serviert, wo unter anderem ein Tischfußballspiel für Kurzweil sorgt. ■ Wilhelminasingel 60, Tel. 043 328 13 69, www.hotelthedutch.com

Valkenburg 89

€€€ | Chateau Sint Gerlach Das Hügelland im Süden Limburgs ist für die Niederlande eher untypisch. Da wundert dann auch ein Schloss mit Barockgarten wenig, dessen Geschichte ins Jahr 1201 zurückgeht. Die Zimmer kombinieren feudalen mit rustikalem Charme. ■ Joseph Corneli Allée 1, Tel. 043 608 88 88, www.stgerlach.nl

ADAC Das besondere Hotel

Kruisherenhotel Maastricht Designhotel in einem ehemaligen Kloster aus dem 15. Jh. Spektakulär sind das Restaurant im Zwischengeschoss des ehemaligen Kirchenschiffs und die Außengastronomie im Kreuzgang. Die 60 Zimmer erhalten durch Kunstwerke eine individuelle Note.

€€€ | Kruisherengang 19–23, Tel. 043 329 20 20, www.kruisherenhotel.nl

Mitte und Osten

Zu entdecken ist neben Nationalparks und altehrwürdigen Hansestädten das dem Meer abgerungene Flevoland

Das Zentrum und den Osten der Niederlande durchqueren die meisten Touristen nur auf dem Weg zum Meer, zu den Stränden und aufregenden Großstädten. Dabei entgeht ihnen einiges: Das quicklebendige Utrecht etwa verbindet ein malerisches Stadtbild mit dem Unterhaltungswert einer Metropole. Sein waldreiches Umland gehört zu den populärsten (und teuersten) Wohngebieten des Landes.

Weiter in Richtung deutsche Grenze sind es in den Provinzen Gelderland und Overijssel vor allem die Hansestädte an der Ijssel, die mit historischer Bausubstanz und atmosphärischen Plätzen verzaubern. Moderne Akzente setzen die Schwesterstädte Arnhem und Nijmegen mit Mode, Dutch Design und lebendigem Uni-Leben.

Naturfreunde steuern unterdessen die Hoge Veluwe an. Der vielseitige Nationalpark lockt mit wunderbaren Radwegen durch Dünen, Heide und Wald. Und als wäre das nicht genug, hat das Ehepaar Kröller-Müller hier auch noch ein Museum eröffnet, das mit über 11 000 Kunstwerken zu den größten Privatsammlungen des 20. Jhs. zählt.

Wo einst die Zuiderzee Zugang zum offenen Meer ermöglichte, beeindruckt heute die Leistung niederländischer Ingenieure: Auf den trockengelegten Poldern der noch jungen Provinz Flevoland leben heute schon mehr als 400 000 Menschen.

Reisende auf der Suche nach einem Stück Bilderbuchholland werden in dem kleinen Dorf Giethoorn fündig. Hier erstreckt sich zwischen reetgedeckten Häuschen ein Labyrinth malerischer Kanäle, das man mit Booten und Stechkähnen erkunden kann.

In diesem Kapitel:

39 Utrecht 94
40 Utrechtse Heuvelrug 97
41 Amersfoort 98
42 Nijmegen 98
43 Arnhem 99
44 Nationaal Park De Hoge Veluwe 101
45 Zutphen 102
46 Deventer 103
47 Zwolle 104
48 Giethoorn 104
49 Flevoland 105
Übernachten 107

ADAC Top Tipps:

10 Kröller-Müller Museum
| Kunstmuseum |
Im Nationalpark De Hoge Veluwe gelegen und von einem weitläufigen Skulpturenpark umgeben, besitzt das Kunstmuseum die zweitgrößte Van-Gogh-Sammlung der Welt. 101

ADAC Empfehlungen:

19 Museum Speelklok, Utrecht
| Museum |
Originelle Schau zu einem urholländischen Thema: Die Sammlung umfasst Spieluhren, Drehorgeln und andere automatische Musikinstrumente. Bei den unterhaltsamen Führungen werden sie in Gang gesetzt. 95

20 Nijntje Museum, Utrecht
| Kindermuseum |
Nijntje hat international als Miffy Karriere gemacht. Die minimalistischen Illustrationen von Dick Bruna inspirieren Jung und Alt bis heute. 95

21 Giethoorn
| Ortsbild |
Seine zahlreichen Kanäle und Brücken haben dem ehemaligen Moordorf den Beinamen »Venedig des Nordens« eingebracht. 104

39 Utrecht

Quirlige Universitätsstadt mit fotogenen Grachtenansichten

Utrecht verbindet ein attraktives Stadtbild mit gut gelaunter Lässigkeit

Information

- VVV, Domplein 9, Tel. 030 236 00 04, www.besuch-utrecht.de
- Parken siehe S. 96

Der Turm des Utrechter Doms ist mit seinen 112 m der höchste des ganzen Landes. Um in den Genuss eines anderen Alleinstellungsmerkmals der populären Universitätsstadt zu kommen, begeben sich Einheimische und Besucher deutlich unterhalb des Straßenniveaus. Hier bahnt sich die Oude Gracht ihren Weg durch die Stadt, an deren Ufern sich Restaurants und Bars aneinanderreihen. Überall ist den Utrechtern anzumerken, dass sie die Vorzüge ihres Wohnorts zu schätzen wissen: Liebevoll renovierte historische Häuschen säumen die Grachten und verschlungenen Gassen. Ausgehen und einkaufen kann man derweil wie in einer Metropole – nur eben ohne deren Schattenseiten.

Sehenswert

1 Domtoren/DOMunder

| Kirchturm |

Der Weg nach oben über 465 Stufen lohnt, denn bei klarem Wetter reicht der Blick bis nach Amsterdam. Auch wartet in luftiger Höhe ein Carillon,

dessen Spiel die Menschen in der Stadt alle 15 Minuten erfreut. Am erstaunlichsten aber ist vielleicht der Blick hinab auf das Kirchenschiff. Das nämlich wurde 1664 durch einen Tornado verwüstet. Erst im 19. Jh. beseitigte man die Trümmer – so entstand der heutige Domplein. Erst dahinter stehen die intakten Überbleibsel des Sakralbaus. Die Dombesichtigung kann mit dem Besuch von DOMunder kombiniert werden: Im Mittelpunkt der Ausgrabungsstätte steht das römische Militärlager, das die Keimzelle der Stadt bildete.

■ Domplein 9, www.domtoren.nl, Führungen tgl. 10–17 Uhr, 10 €, erm. 7,50/5 €

Plan S. 97

2 Pandhof Domkerk

| Innenhofgarten |

Der südlich an den Dom angrenzende Klostergarten ist eine Oase der Ruhe im Trubel der Stadt. Vollständig ummauert, besteht er aus 23 mit Zierpflanzen und Kräutern bestückten Beeten; in der Mitte plätschert ein Springbrunnen. An den Garten grenzt die Teestube des Doms.

■ Domplein, www.pandhofvandedom.nl, Mo–Fr 10–16, Sa, So 12–17 Uhr, Eintritt frei

3 Museum Speelklok

| Museum |

19 *Einzigartiges Museum für Spieluhren und verwandte Geräte*

Ein Museum für Spieluhren? Klingt denkbar langweilig! Oder? Nun, wer sich vom Gegenteil überzeugten will, kann in diesem Haus eine Überraschung erleben. Die beginnt damit, dass die Exponate in einer entweihten Kirche ausgestellt werden. Neben den besagten Spieluhren gehören dazu auch Drehorgeln in allen Variationen. Ein urholländisches Thema also. Wer an einer Führung teilnimmt, erfährt auch Interessantes über Forschung und Technik aus deutschen Landen.

■ Steenweg 6, www.museumspeelklok.nl, Di–So 10–17 Uhr, 13 €, erm. 7 €

4 Nijntje Museum

| Kindermuseum |

20 *Ausstellung rund um die beliebte Comicfigur Miffy*

Dick Bruna (1927–2017) ist der Schöpfer von Nijntje, einer Zeichentrickfigur, die in Deutschland als Miffy bekannt ist. Die minimalistisch inszenierten Ge-

Das Nijntje Museum ehrt den Zeichner und Kinderbuchautor Dick Bruna

schichten begeistern Kinder in aller Welt – und auch Erwachsene wissen ihren anrührenden Charakter zu schätzen. Brunas Heimatstadt Utrecht hat dem Grafiker ein Museum gewidmet, das auch seine anderen Verdienste eindrucksvoll herausstellt.

■ Agnietenstraat 2, www.nijntjemuseum.nl, Di–So 10–17 Uhr, ab 7 Jahren 7 €, Kinder 2–6 Jahre 10,50 €, die günstigeren Onlinetickets sind für ein bestimmtes Zeitfenster gültig.

5 Rietveld Schröderhuis

| Moderne Architektur |

Gerrit Rietveld (1888–1964) war ein Protagonist der interdisziplinären De-Stijl-Bewegung. Für seine Freundin Truus Schröder entwarf der Architekt 1924 ein Wohnhaus, das mittlerweile zum UNESCO-Weltkulturerbe zählt. Die niederländische Version des Neuen Bauens definierte er unter anderem über kubische Formen und die typischen Farben des De-Stijl-Kollektivs.

■ Prins Hendriklaan 50, Tel. 030 236 23 62, www.rietveldschroderhuis.nl, Führungen Di–So 11–17 Uhr, Anmeldung erforderlich, 17 €, erm. 9/3 €

P Parken

Am besten parkt man auf einem der vier Park-&-Ride-Plätze (Parken und ÖPNV-Transfer für bis zu 5 Pers. 5 €). Günstig in Innenstadtnähe liegt das Parkhaus De Grifthoek (Wittevrouwensingel 96, www.utrecht.nl/grifthoek). Utrechts City ist seit 2015 Umweltzone.

Restaurants

€ | Café Olivier Belgisches Restaurant-Café in einer ehemaligen Kirche. Spezialität des Hauses sind Muscheln in Biersoße. Das Durchprobieren der Bierkarte würde Tage in Anspruch nehmen. ■ Achter Clarenburg 6a, Tel. 030 2367876, www.cafe-olivier.be, tgl. 11–24, Do–Sa 10–2 Uhr, Plan S. 97 a2

€–€€ | Winkel van Sinkel Eines der ersten Warenhäuser des Landes firmiert nun je nach Uhrzeit als Grand Café, Restaurant oder Club und ist so etwas wie der gefühlte Mittelpunkt der Stadt. ■ Oudegracht 158, Tel. 030 230 3030, www.dewinkelvansinkel.nl, tgl. ab 10, So ab 11 Uhr, Plan S. 97 b1

Einkaufen

Hoog Catharijne Als das Einkaufszentrum 1973 eröffnet wurde, galt es als großer Wurf des Städtebaus. Inzwischen modernisiert, versammelt es unter seinem Dach 180 Shops, Kinos, Konzertsäle und ein Theater. ■ www.hoogcatharijne.nl, Plan S. 97 a1

In der Umgebung

Kasteel de Haar

| Burg |

Nordwestlich von Utrecht steht inmitten einer 100 ha umfassenden Parkanlage die größte Burg der Niederlande. Der Bau mit seinen fünf auffälligen Türmen, einst Herrschaftssitz der Familien Van Zuylen, ist von Wasser umgeben und zählt stolze 200 Zimmer und 30 Bäder. Zwar liegen die Ursprünge des Anwesens im 13. Jh., sein heutiges Erscheinungsbild verdankt es aber überwiegend dem Architekten P. J. H. Cuypers, der auch das Amsterdamer Rijksmuseum entworfen hat.

■ Kasteellaan 1, Haarzuilens, www.kasteeldehaar.nl, tgl. 11–17, Park 9–17 Uhr, 17 €, erm. 11 €, Park 6 €, erm. 4 €

40 Utrechtse Heuvelrug

Bewaldeter Sandrücken, in der vorletzten Eiszeit aus einer Moräne entstanden

Information

■ www.np-utrechtseheuvelrug.nl

In anderen Ländern würde er vermutlich anders heißen. In den Niederlanden aber wird der Landstrich zwischen Huizen (am Ijsselmeer) und Rhenen (am Rheinarm Lek) etwas melodramatisch »Utrechter Hügelrücken« genannt. Tatsächlich handelt es sich um eine überdimensionale Sandbank, deren höchster Punkt der 69,2 m hohe Amerongse Berg ist. Die waldreiche

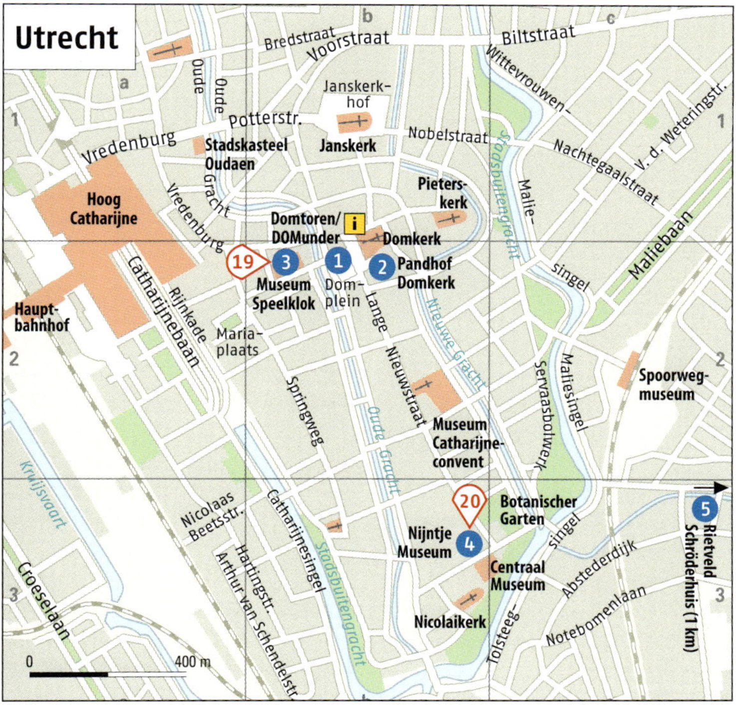

Landschaft gehört zu den beliebtesten und teuersten Wohngebieten des Landes. Sie umfasst einen Nationalpark mit hohem Naherholungswert.

Restaurants

€€–€€€ | Schloss Kerckebosch 120 Jahre altes Schloss in der waldreichen Umgebung von Utrecht. Die Küche interpretiert niederländische Gerichte auf neue, einfallsreiche Weise. ■ Arnhemse Bovenweg 31, Zeist, www.kasteelkerckebosch.com, Tel. 030 6926666, Di–Sa ab 18 Uhr, Di–Fr auch mittags

41 Amersfoort

Mittelalterliches Kleinod an der Eem, zugleich Geburtsstadt von Piet Mondrian

Information

■ VVV, Breestraat 1, Tel. 033 465 94 44, www.vvvamersfoort.nl

Amersfoort ist fast 1000 Jahre alt, was in einem reizvollen Stadtbild zum Ausdruck kommt. Ein schöner Anblick ist das Koppelpoort, ein Stadttor aus dem Jahr 1400. In der Straße Muurhuizen markieren altersschiefe Wallhäuser den Verlauf der einstigen Stadtmauer. In Amersfoort erblickte Piet Mondrian das Licht der Welt, einer der einflussreichsten Künstler des 20. Jh.

Gefällt Ihnen das?

Sie interessieren sich für die Avantgarde-Bewegung De Stijl, die 1917 in Leiden gegründet wurde und bis heute viele Künstler und Designer inspiriert? Dann sollten neben dem **Mondrianhuis** (s. rechts) auch das **Rietveld Schröderhuis** (S. 96) in Utrecht und das **Gemeentemuseum Den Haag** (S. 58) auf Ihrem Besichtigungsprogramm stehen.

Sehenswert

Mondrianhuis
| Kunstmuseum |
Amersfoort, Paris, London, New York: Stationen im Leben von Piet Mondrian (1872–1944), der mit seinen roten, gelben und blauen Rechtecken auf weißem Grund die abstrakte Malerei mitbegründete. In seinem Geburtshaus beschäftigt sich heute ein Dokumentationszentrum mit Leben und Werk des Künstlers.
■ Kortegracht 11, www.mondriaanhuis.nl, Di–So 11–17 Uhr, 12,50 €, erm. 8 €

Restaurants

€–€€ | Zuster Margaux Schicke Weinbar mit stets etwa 40 offenen Weinen und einer Auswahl lokaler Spezialitäten als Begleitung. ■ Kleine Haag 2, Tel. 033 4632979, www.zustermargaux.nl, Do, Fr ab 17, Sa, So ab 15 Uhr

42 Nijmegen

Die Stadt am Rheinarm Waal ist eine der ältesten und lebendigsten des Landes

Information

■ VVV, Keizer Karelplein 32h, Tel. 0900 1122344, www.visitnijmegen.com

Nijmegen liegt reizvoll und strategisch günstig zugleich: Die Stadt breitet sich am Südufer der Waal auf einer Moräne aus, wodurch sie in früheren Zeiten schwer einzunehmen war. Das wussten schon die Römer zu schätzen, die sich hier früh niederließen: 2005 hielt Nijmegen seine 2000-Jahr-Feier ab. Im Kampf um den Ehrentitel der ältesten Stadt des Landes liegt Nijmegen aber im Dauerstreit mit Maastricht. Den Bewohnern ist's gleich: Viele sind Studenten, die sich in der unaufgeregten Grenzstadt pudelwohl fühlen.

Sehenswert

MuZIEum
| Erlebnismuseum |
Interessantes Erlebnismuseum über das Sehen und Nichtsehen. Die Ausstellung beginnt mit der Erfindung der Braille-Schrift und endet mit dem Einsatz von Virtual-Reality-Brillen. Wer sie besucht hat, weiß das Privileg des Augenlichts erst richtig zu schätzen.
■ Keizer Karelplein 32h, www.muzieum.nl, Mo 12–17, Di–So 9.30–17 Uhr, 17,50 €, erm. 12 €, online günstiger

Restaurants

€€ | **Witlof** Moderne Küche mit Gerichten von Ceviche bis Pfifferlingsuppe, in kleinen und großen Portionen bestellbar. An der Bar hausgemachte Bitterballen und andere leckere Snacks. ■ Lage Markt 79, Tel. 024 322 40 60, www.restaurantwitlof.nl, Do–Di 16–22 Uhr

Entspannung

Sanadome Aus eigenen Quellen gespeiste, 33 Grad warme Therme mit Salzwasserbecken, Dampfbad, Minz-Sauna und Kräuter-Whirlpools. ■ Weg door Jonkerbos 90, Tel. 024 359 72 00, www.sanadome.nl, tgl. 9–23.30 Uhr, Tageskarte 35,50 €

Nijmegen wird von der Waal geprägt, dem größten Arm des Rhein-Deltas

43 Arnhem

Modehauptstadt der Niederlande und Heimat renommierter Designerlabel

Information

■ VVV, Hauptbahnhof (Empfangshalle), Tel. 0900 112 23 44, www.visitarnhem.com
■ Parken siehe S. 100

Sollte der Bahnhof einer Stadt wirklich als seine Visitenkarte gelten, liegt Arnhem weit vorne. Die von Ben van Berkel entworfene ICE-Station zeugt von Fortschrittsglauben und einem Faible für Design – und das ist kein Zufall, denn die Stadt definiert sich gerne über die Kunsthochschule Artez und insbesondere die Fakultät für Modedesign, die seit Jahrzehnten kreativen Nachwuchs in die Stadt spült. Am nördlichen Stadtrand setzen zwei Themenparks touristische Akzente.

Im Nationalpark Hoge Veluwe findet man intakte Natur, Ruhe und Weite

Sehenswert

Nederlands Openluchtmuseum

| Freilichtmuseum |

Von einer grauen Maus zu einem recht populären Museum – das ist der erstaunliche Werdegang, den diese Institution genommen hat. Ihr Vorsatz: auf pädagogisch wertvolle, aber gleichzeitig unterhaltsame Weise einen Kanon des niederländischen Lebens vergangener Zeiten für die Zukunft zu konservieren. Mit der historischen Tram lässt sich das Areal bequem erkunden.

■ Hoeferlaan 4, www.openluchtmuseum.nl, April–Okt. tgl. 10–17 Uhr, spezielles Winterprogramm, 19,50 €, erm. 16,50 €, online günstiger, Parken 7 €

Parken

Der Park-&-Ride-Platz Gelredome ist gratis, auch im Modekwartier kann man sein Fahrzeug kostenlos abstellen.

Einkaufen

Modekwartier Im angesagten Viertel Klarendal im Osten Arnhems reihen sich über 60 Läden und Ateliers von Mode- und Produktdesignern aneinander. Versteht sich von selbst, dass längst auch Gastronomen auf den Zug aufgesprungen sind. Die Kurse im Yoga House sind offen für alle. Nächtigen kann man im Hotel Modez (s. S. 107), dessen Zimmer ebenfalls von Designern gestaltet wurden. ■ Klarendalseweg, Sonsbeeksingel und Seitenstraßen, www.modekwartier.nl

Kinder

Burgers' Zoo

| Zoo |

Aufwändig gestalteter Tierpark mit um Fortschrittlichkeit bemühtem Konzept, der auf einem Areal von 45 ha rund 3000 Tiere beherbergt. Höhepunkte sind ein lebendes Korallenriff, der tropische Regenwald und die größte überdachte Mangrove der Welt. ■ Antoon van Hooffplein 1, www.burgerszoo.nl, April–Okt. tgl. 9–18, Nov.–März 9–17 Uhr, 23,50 €, erm. 20,50 €

Kneipen, Bars und Clubs

Korenmarkt Das Ausgehzentrum der Stadt mit Cafés, Bars, Kneipen, Clubs und lauter Musik.

Tape Vinyl? Das war gestern. Diese originelle Bar hat die Audiokassette zum Leitmotiv erwählt. Neben Thema und Einrichtung mit Seventies-Flair überzeugen auch Drinks, Snacks und Publikum. ■ Hommelstraat 66, Tel. 026 7370070, www.tape-arnhem.nl, Mo–Mi 16–23, Do–Sa 13–1, So 14–22 Uhr

44 Nationaal Park De Hoge Veluwe

In der waldreichen Landschaft liegen kulturelle Highlights verstreut

Information

■ Besucherzentrum mit Ausstellungen, Filmen und Nachtsaal, Houtkampweg 9c, Otterlo, www.hogeveluwe.nl, April–Okt. tgl. 9.30–18, Nov.–März 9.30–17 Uhr, Park tgl. mind. 9–18 Uhr, Tageskarte 9,95 €, erm. 5 €, Zufahrt über die Eingänge Otterlo (Houtkampweg 9), Hoenderloo (Houtkampweg 13) oder Scharsbergen (Koningsweg 17)

Wald, Heide und unberührte Natur. Dafür ist in den dicht besiedelten Niederlanden eher wenig Platz. Das Konzept des Nationalparks greift daher umso besser. Auch auf der Hoge Veluwe sichert es den Erhalt eines Naherholungsraums zwischen Arnhem, Apeldoorn und Ede. Auf Wildnis braucht hier niemand zu spekulieren, vielmehr handelt es sich um einen Park mit einer sehr guten Infrastruktur. Dennoch kann man mit etwas Glück unterwegs von den gut in Schuss gehaltenen Radwegen aus Rotwild oder Mufflons sichten.

Sehenswert

Kröller-Müller Museum

| Kunstmuseum |

10 *Die private Sammlung umfasst fast 280 Werke van Goghs*

Sie möchten Meilensteine der Kunstgeschichte endlich mal in aller Muße, betrachten? Dieses mitten im Nationalpark gelegene Haus bietet dafür die besten Voraussetzungen. Es zeigt die private Sammlung von Helene Kröller-Müller (1869–1939), zu der »Die Brücke von Arles« und andere Meisterwerke Vincent van Goghs gehören. Im Vergleich zum stets überlaufenen Van Gogh Museum in Amsterdam sind die

ADAC Spartipp

Besuchern des Nationalparks Hoge Veluwe steht eine große Flotte **kostenloser Leihfahrräder** zur Verfügung, mit denen sie den weitläufigen Park erkunden können – darunter auch Räder für Kinder bzw. mit Kindersitz. Die »Witte Fietsen« befinden sich in gutem Zustand und können u. a. an den Parkeingängen abgeholt werden. Mit den Drahteseln gelangt man zu allen Sehenswürdigkeiten. Auch eine Sporteinheit in der herrlichen Landschaft ist möglich – allerdings ohne Gangschaltung.

weitläufigen Säle hier oft angenehm leer. Neben dem Expressionismus sind auch Impressionismus, Kubismus und De Stijl mit Hauptwerken vertreten. Im weitläufigen Skulpturengarten verteilen sich an die 100 Arbeiten internationaler Künstler.

■ Houtkampweg 6, Otterlo, www.krollermuller.nl, Di–So 10–17 Uhr, Kombiticket mit Nationalpark 19,90 €, erm. 10 €

Museonder

| Naturkundemuseum |

In dem unterirdischen Museum folgt man einem naturgeschichtlichen Lehrpfad bis zum Erdmittelpunkt. Unterwegs in dunklen Erdgängen erzählen geheimnisvolle Steine bei Berührung ihre Geschichte, ein Wasserlabor lädt zum Experimentieren ein, und man kann das Wurzelsystem eines 135 Jahre alten Baumes erkunden.

■ Houtkampweg 9c (unter dem Besucherzentrum), Otterlo, www.hogeveluwe.nl, April–Okt. tgl. 9.30–18, Nov.–März bis 17 Uhr, der Besuch des Museums ist im Parkeintritt enthalten

Jachthuis Sint Hubertus

| Jagdschloss |

Das Ehepaar Kröller-Müller sammelte nicht nur Kunst, sondern beauftragte auch den Avantgardearchitekten Hendrik Petrus Berlage (1856–1934) mit dem Bau eines Jagdhauses. Der auf dem Grundriss eines Hirschgeweihs errichtete, als Gesamtkunstwerk konzipierte Bau wurde 1920 vollendet. Weil das Interieur weitgehend im Originalzustand erhalten ist, gerät die Teilnahme an einer Führung zu einer memorablen Zeitreise.

■ www.hogeveluwe.nl, Termine für Führungen s. Website, 4 €, erm. 2 €, Buchung online und im Besucherzentrum

45 Zutphen

Eine der am besten erhaltenen alten Städte der Niederlande

Information

■ VVV, Houtmarkt 75, Tel. 0575 84 45 38, www.inzutphen.nl

Eine von den Römern gegründete Stadt, die später der Hanse angehörte? Auf diese bemerkenswerte Geschichte blickt die Festungsstadt Zutphen (47 000 Einwohner) zurück. Das historische Stadtbild blieb weitgehend erhalten – Highlights sind der Drogenapstoren, ein Stadttor von 1446, das barocke Wijnhuis am Groenmarkt, Treffpunkt der Weinhändler, und die schneeweißen Häuser an der Ijsselkade. Sehr schön sind auch die Gartenanlagen, die sich hinter der Walburgiskerk auf der anderen Seite der Festungsmauern ausbreiten.

Sehenswert

Walburgiskerk

| Kirche |

In dem trutzigen Sakralbau befindet sich der älteste öffentliche Lesesaal der Niederlande. Die Regale der Librije wurden schon im 16. Jh. mit Büchern bestückt. Den Kirchturm kann man meist Do und Sa besteigen.

■ Kerkhof 3, www.walburgiskerk.nl, Di–Sa 11–17 Uhr, 6 €, erm. 3,50 €

Restaurants

€€ | **Wijnhuistoren** Der mit einem Glockenspiel ausgestattete Wijnhuistoren (1618–42) überragt die Innenstadt. Er beherbergt neuerdings ein italienisches Restaurant. Do–So von 12–15 Uhr kann der Turm neuerdings kostenlos bestiegen werden. ■ Groenmarkt 40, Tel. 0575545988, www.wijnhuistoren.nl, Di–So ab 17.30 Uhr

46 Deventer

Die hübsche Stadt an der Ijssel ist für ihren Honigkuchen berühmt

Information

■ VVV, Brink 89, Tel. 0570710120, www.deventer.info

Wie Zutphen gehörte auch Deventer (100 000 Einwohner) zu den neun niederländischen Hansestädten. Bis heute erinnern an manchen Giebeln Wappen mit schwedischen Flaggen an die enge Partnerschaft vor allem im 14. und 15. Jh. Etwas später (1524) wurde auf dem Brink, dem Mittelpunkt der Stadt, die Waage (www.deventerverhaal.nl) errichtet, die heute als Stadtmuseum fungiert. Von der 800-jährigen Historie künden nicht nur dessen Exponate, sondern vor allem die intakten Viertel, in deren Restaurierung viel Geld geflossen ist. Vor allem das Bergkwartier, das sich im Südosten an den inneren Stadtkern anschließt, hat es zu einigem Ruhm gebracht: Hier ist das Straßenbild so authentisch alt, dass es alljährlich als Kulisse für Dickens-Festspiele dient. Seinen Namen verdankt es der norwegischen Stadt Bergen, in deren Küstengewässern Deventers Fischereiflotte einst operierte.

Events

Dickens-Festspiele Hunderte Figuren aus Romanen von Charles Dickens werden im Bergkwartier für einige Tage zum Leben erweckt und versetzen Besucher in die weihnachtliche Stimmung der Erzählung »A Christmas Carol«. ■ Bergkwartier, www.dickensfestijn.nl, letztes Wochenende vor Weihnachten, Eintritt frei

Kurz vor Weihnachten wird ganz Deventer vom Dickens-Fieber erfasst

47 Zwolle

Die mittelalterliche Festungsstadt ist zugleich ein Pilgerziel für Gourmets

Information

■ Tourist Info, Grote Kerkplein 13, Tel. 038 421 88 15, www.visitzwolle.com

Bei einem Wettbewerb um den Titel der schönsten Provinzstadt der Niederlände stünden Zwolles Chancen nicht schlecht. Die größte an der Ijssel gelegene Stadt (125 000 Einwohner) besitzt eine Altstadt, die von sternförmig angelegten Grachten umschlossen und vom 90 m hohen Turm der Onze Lieve Vrouwekerk überragt wird. Ganz nebenbei ist Zwolle auch noch Heimat des kontinuierlich besten Restaurants und einer der schönsten Buchhandlungen des Landes.

Sehenswert

Sassenpoort
| Stadttor |
1407 wurde das prosperierende Zwolle Mitglied der Hanse. Damals war das mächtige, fünftürmige Stadttor gerade fertig geworden. Seine enorm dicken Wände spiegelten den Reichtum von Stadt und Bewohnern.
■ Sassenstraat 53, www.sassenpoortzwolle.nl, April–Sept. Mi, Sa 11–17, Okt.–März 11–16 Uhr, 3 €, erm. 1,50 €

Restaurants

€€€ | De Librije Mit drei Michelin-Sternen und 19,5 Punkten im Gault Millau erfreuen sich die kulinarischen Kabinettstückchen von Jonnie Boer beständiger Höchstnoten. Wer in den Genuss der aufwendigen Kreativküche kommen möchte, muss Monate im Voraus buchen. ■ Spinhuisplein 1, Tel. 038 853 00 00, www.librije.com, Di–Sa ab 19 Uhr, Fr, Sa auch 12–13.30 Uhr

Einkaufen

Waanders in de Broeren Seit die Traditionsbuchhandlung in eine frühere Kirche umgezogen ist, zählt sie zu den schönsten Europas. ■ Achter de Broeren 1–3, www.waandersindebroeren.nl, Mo 12–18, Di–Sa 9.30–18, Do bis 21 Uhr

48 Giethoorn

21 *Bilderbuchdorf mit reetgedeckten Häuschen an Kanälen*

Information

■ VVV, Eendrachtsplein 2, Tel. 052 136 01 12, www.touristinformationgiethoorn.nl

Reetgedeckte Häuser, die nur per Boot erreicht werden können. Verzweigte Kanäle als Verkehrsstraßen. Und Dutzende Brücken mit recht steilen Treppen – Giethorn wird häufig als das »Venedig des Nordens« bezeichnet. Ein wenig übertrieben vielleicht, doch ein äußerst fotogener Anblick ist das Dorf allemal. Weil sich das bis nach Asien herumgesprochen hat, muss aber früh aufstehen, wer ihn einigermaßen ungestört genießen will.

Erlebnisse

Fahrt mit dem Flüsterboot Am besten lassen sich Giethorns Kanäle mit dem Flüsterboot erkunden. Wer die Tour mit dem geräuscharmen Kahn in Ruhe genießen will, sollte früh starten.

■ Smit Giethoorn, Zuiderpad 52 und 58, Tel. 0521 36 16 25, www.smitgiethoorn.nl, Rundfahrt 7,50 €, Verleih 15 €/Std.

49 Flevoland

Die trockengelegten Polder im Ijsselmeer besitzen ganz eigenen Charakter

Information

■ VVV, De Diagonaal 199, Almere, Tel. 036 548 50 41, www.visitflevoland.nl

Wer den jüngsten Teil des Landes ohne Vorbereitung erreicht, dem werden sich früher oder später einige Fragen aufdrängen, etwa: Warum scheinen alle Bäume gleich hoch zu sein? Und weshalb steht hier nichts, aber auch gar nichts Altes? Die Antwort ist einfach: Flevoland ist zwar vordergründig ein ganz normaler Landstrich. Tatsächlich haben Ingenieure die Polder ab 1932 in mehreren Bauabschnitten dem Ijsselmeer abgewonnen. Mittlerweile leben zwischen Almere im Südwesten und Lemmer im Nordosten mehr als 400 000 Menschen durchschnittlich 5 m unterhalb des Meeresspiegels. Durch die Nähe zum Ijsselmeer ist Flevoland auch für Wassersportler interessant.

Sehenswert

Almere

| Moderne Architektur |

Amsterdam und der Rest der Randstad platzen aus allen Nähten. Ein Problem, für das die Trockenlegung des Ijsselmeers Abhilfe schuf. Mittlerweile leben über 200 000 Menschen in den fünf Stadtvierteln, die sich zu einer Spielwiese für experimentierfreudige Architekten entwickelt haben. Der Masterplan für die Innenstadt stammt von Rem Koolhaas' Büro OMA – und das Resultat ist durchaus sehenswert.

Mit Flevoland wurde durch Eindeichung eine ganze Provinz geschaffen

Lelystad

| Stadt |

Weiter von Amsterdam entfernt, zeigt sich Lelystad (78 000 Einwohner) architektonisch deutlich bodenständiger als Almere. Für Besucher interessant sind vor allem jene Attraktionen, die mit dem Wort »Batavia« beginnen: Das Fashion Outlet, die Werft und der Hafen mit einigen Restaurants. Wer sich für die Entstehungsbedingungen des sonderbaren Landstrichs interessiert, darf sich das Poldermuseum nicht entgehen lassen.

Nieuw Land Erfgoed Museum

| Technikmuseum |

Die Ausstellung schlägt den Bogen von der Frühgeschichte der Region bis zur Trockenlegung der Zuiderzee durch den Bau des Abschlussdeichs (Afsluitdijk). Zu sehen ist auch eines der vielen Schiffswracks, die bei der Einpolderung Flevolands zutagetraten. Kleine Besucher können sich als Deichbauer oder Schleusenwärter betätigen und bekommen so einen Eindruck vom bereits Jahrhunderte währenden Kampf gegen das Wasser.

■ Oostvaardersdijk 113, Lelystad, www.batavialand.nl, Mo–Sa 10–17, So 11 bis 17 Uhr, 16 €, erm. 8,50 €

Bataviawerf

| Werft |

Gegründet wurde die Werft mit dem Ziel, die »Batavia« nachzubauen, ein Handelsschiff der Niederländischen Ostindien-Kompanie. Derzeit arbeitet man an der Rekonstruktion der »Seven Provincien«, des Flaggschiffs des Seehelden Michiel de Ruyter. Besucher können den Handwerkern bei der Arbeit zusehen und sich an Deck der »Batavia« ins Goldene Jahrhundert zurückversetzen lassen.

■ Bataviaplein 60, Lelystad, www.batavialand.nl, Mo–Sa 10–17, So 11–17 Uhr, 16 €, erm. 8,50 €

In der Bataviawerf werden Schiffe aus dem Goldenen Zeitalter rekonstruiert

Oostvaardersplassen

| Naturschutzgebiet |

»Die neue Wildnis« – so lautete der Titel eines Dokumentarfilms, der 2013 in den Niederlanden ein Kassenschlager war. Hauptdarsteller sind Hirsche, Füchse und Vögel, die in diesem Naturschutzgebiet beheimatet sind. Auch wenn es künstlich geschaffen wurde, lohnt ein Besuch des von Wander- und Radwegen erschlossenen Feuchtgebiets am Rand des Ijsselmeers.

■ Besucherzentrum Oostvaardersplassen, Kitsweg 1, Lelystad, Tel. 032 025 45 85, www.staatsbosbeheer.nl, Di–So 10–17, Nov.–März bis 16 Uhr, Juli, Aug. auch Mo

Einkaufen

Bataviastad Outlet mit 250 Shops, dessen Gebäude an Kolonialbauten in Batavia erinnern sollen, dem heutigen Jakarta. ■ Bataviaplein 60, Lelystad, www.bataviastad.nl, tgl. 10–20 Uhr

Kinder

Walibi Von null auf hundert in 2,8 Sekunden. Wer auf Kicks dieser Art steht, ist in dem actionlastigen Vergnügungspark gut aufgehoben. ■ Spijkweg 30, Biddinghuizen, www.walibi.nl, wechselnde Öffnungszeiten siehe Website, Tickets online ab 27,50 €

Übernachten

Fernab der Küste und in sicherer Distanz zu den drei großen Städten gelegen, sind die meisten Unterkünfte eher einfacher Art. Doch auch hier sind originelle Domizile keine Rarität. In der Regel sind diese dabei deutlich bezahlbarer als in den Touristenhochburgen.

Utrecht 94

€€–€€€ | **Mother Goose** Dieses mitten in der City gelegene Boutiquehotel ist in einem Komplex untergebracht, der bis 2013 besetzt war. Heute nächtigt man in bequemen Betten zwischen freigelegten Backsteinwänden. ■ Ganzenmarkt 26, Tel. 030 303 6300, www.mothergoosehotel.com

Nijmegen 98

€ | **Blue** Originelles Hotel in vier historischen Stadthäusern, bei dem Design und nachhaltiges Denken Hand in Hand gehen. Das Haus gehört einem Kollektiv von 24 örtlichen Unternehmern. ■ Oranjesingel 14–20, Tel. 024 744 00 94, www.blue-nijmegen.nl

Arnhem 99

€€ | **Modez** Mitten im Modekwartier gelegen, lockt das Haus standesgemäß mit Zimmern, die von niederländischen Designern eingerichtet wurden. ■ Elly Lamakerplantsoen 4, Tel. 026 442 09 93, www.hotelmodez.nl

Deventer 103

€ | **Hotel De Leeuw** Sympathisches Mini-Hotel in einem Gebäude aus dem Jahr 1645. Die Zimmer sind verwinkelt und bei aller Schlichtheit recht gemütlich. Zum Hotel gehört ein liebenswert altmodisches Süßwarengeschäft. ■ Nieuwstraat 25, Tel. 057 061 02 90, www.hoteldeleeuw.nl

Zwolle 104

€€€ | **Hotel De Librije** Luxushotel mit extravagantem Interieur in einem ehemaligen Frauengefängnis. Von den Inhabern des gleichnamigen Restaurants geführt, ideal für besondere Anlässe. ■ Spinhuisplein 1, Tel. 038 853 00 00, www.librije.com

Giethoorn 104

€–€€ | **De Kruumte** Wenige Hundert Meter vom Ortskern entfernt liegt von viel Grün umgeben dieses familiengeführte Hotel. Die sieben Zimmer sind groß und recht modern eingerichtet. ■ Kerkweg 48a, Tel. 0521 36 15 17, www.dekruumte.nl

Lelystad 105

€–€€ | **De Lange Jammer** Modern, ruhig, sauber und ohne Schnörkel. Das Dreisternehotel liegt in Gehweite zum Hafen und den anderen örtlichen Attraktionen. Parken ist kostenlos. ■ Pioniersstraat 15, Tel. 0320 26 04 15, www.delangejammer.nl

Norden und Westfriesische Inseln

Die raue Nordsee prägt das Leben auf den Inseln, das Festland überrascht mit charmanten Städtchen und friesischer Kultur

Die Westfriesischen Inseln sind ein ganz besonderes Stück Niederlande: Nur mit der Fähre erreichbar, vermitteln sie ein Gefühl der Abgeschiedenheit, das dem dicht besiedelten Staat sonst fremd ist. Vor allem die weitgehend autofreien Inseln Vlieland und Schiermonnikoog atmen Ruhe und Gelassenheit. Dazwischen liegen mit Ameland und Terschelling zwei Eilande, deren ländliche Gemütlichkeit sich ebenso wunderbar für erholsame Tage eignet – und die auch nach Wochen nicht langweilig werden.

Allen Inseln gemeinsam sind charmante Dörfchen und fabelhaft breite Strände, an die sich intakte Dünengebiete und kleine Kiefernwäldchen anschließen. Auf der Südseite breitet sich mit dem Wattenmeer ein einzigartiges Biotop aus, das mittlerweile zum UNESCO-Weltnaturerbe zählt und über dessen schlickigen Grund man bei Ebbe wandern kann.

Das Wattenmeer ist zugleich dafür verantwortlich, dass die Küstenlandschaft in den Provinzen Friesland und Groningen keine Badeorte im herkömmlichen Sinne aufweist. Dafür ist die Region besonders wasserreich. Vor allem Friesland ist ein ideales Revier für Segler, Windsurfer und Hausboot-Kapitäne. Alle elf Städte der Provinz sind über Wasserstraßen miteinander verbunden, die sich im Falle anhaltenden Dauerfrosts in den Austragungsort des größten nationalen Volksfestes verwandeln: die Elfstedentocht für Schlittschuhläufer.

Die vor Energie und jungem Leben nur so sprühende Kapitale des Nordens ist Groningen mit seinem avantgardistischen Museum. Städte wie Leeuwarden und Franeker besitzen historische Zentren, in denen es viele denkmalgeschützte Bauten zu entdecken gibt.

Im Hinterland grasen Kühe und Schafe auf grünen Weiden. Friesische Bauernhäuser stemmen sich auf Terpen, künstlich aufgeschütteten Hügeln, gegen den Wind. Ähnlich beschaulich sieht es in der vom Torfabbau geprägten Provinz Drenthe aus. Im Südostzipfel buhlt jedoch nahe der deutschen Grenze die Stadt Emmen mit einigen Attraktionen um Aufmerksamkeit.

In diesem Kapitel:

50 Groningen 110
51 Leeuwarden 112
52 Franeker 113
53 Harlingen 113
54 Vlieland 114
55 Terschelling 115
56 Ameland 116
57 Schiermonnikoog 117
58 Sneek 118
59 Urk 118
60 Emmen 119
Übernachten 120

ADAC Empfehlungen:

22 **Groninger Wad**
| Wattenmeergebiet |
Das Wattenmeer bei Pieterburen ist ein faszinierendes Biotop. Viele seiner Geheimnisse verrät es auf Wanderungen, die von ortskundigen Guides begleitet werden. 112

23 **Koninklijk Eise Eisinga Planetarium, Franeker**
| Museum |
Ein unscheinbares Giebelhaus an einer Gracht beherbergt das älteste noch intakte Planetarium der Welt. Der Wollkämmerer Eise Eisinga konstruierte es im 18. Jh. 113

24 **Urk**
| Ortsbild |
Einst Insel mit offenem Meerzugang, nun Küstenort an einem Binnenmeer – diese einzigartige Geschichte hat Spuren in dem Ort hinterlassen. Rund um den alten Hafen herrscht rege Betriebsamkeit. 118

25 **Het Posthuys, Vlieland**
| Hotel |
Das vielleicht entlegenste Hotel des Landes befindet sich an der schmalsten Stelle von Vlieland. Frisch renovierte Zimmer und Meeresrauschen garantieren guten Schlaf. 120

50 Groningen

Fahrradfreundliche Universitätsstadt mit avantgardistischem Museumsbau

Information

■ VVV, Grote Markt 29, Tel. 050 313 97 41, www.visitgroningen.nl

»Nichts geht über Groningen.« Dieser Slogan trifft in doppelter Hinsicht zu. Zum einen ist Groningen die nördlichste Stadt des Landes. Zum anderen ist der sympathische Gesamteindruck kaum zu übertreffen. Er kommt auch dadurch zustande, dass die Stadtbewohner weltweit gesehen die meisten Fahrradkilometer zurücklegen. Weite Teile der City sind für motorisierte Vehikel gesperrt. Für Autofahrer ist das manchmal etwas umständlich, doch der Verzicht wird mit hoher Lebensqualität belohnt. Besonders angesagt sind Shoppen und »een terrasje pakken«, also einen schönen Platz im Freien suchen und bei einer Tasse Kaffee das Geschehen beobachten.

Sehenswert

Groninger Museum

| Geschichtsmuseum |

Vom Aushängeschild bis zum Schandfleck. So weit gehen die Meinungen über den dekonstruktivistischen Bau auf einer Insel im Hafenbecken auseinander. Unumstritten ist dagegen das Niveau der Wechselausstellungen, die ein weites Spektrum abdecken. Immer wieder geht es dabei auch um Dutch Design. Die ständige Sammlung zeigt regionalgeschichtliche Exponate, Kunst vom 16. Jh. bis heute und chinesisches Porzellan.

■ Museumeiland 1, www.groningermuseum.nl, Di–So 10–17 Uhr, 15 €, erm. 10 €, Kinder unter 18 Jahren frei

Im Umland der quirligen Provinzhauptstadt Groningen überwiegen die leisen Töne

Martinitoren

| Kirchturm |

In einer sich rasant ändernden Welt sind Kirchtürme als Wahrzeichen von Städten eine Konstante. Das trifft auch auf den Martinitoren zu, der mit seiner Höhe von 97 m weithin sichtbar ist. Der Turm wird in Groningen auch liebevoll »Olle Grieze«, Alter Grauer genannt. Von seiner Aussichtsplattform, zu der über 300 steile Stufen hinaufführen, genießt man einen schönen Blick über die Stadt und ihr Umland.
■ Martinikerkhof 3, www.martinikerk.nl, Mo 12–18, Di–Fr 10–18, Sa 10–17, So 12–16 Uhr, 4,50 €, erm. 3 €

P Parken

Es gibt vier kostenlose Park-&-Ride-Plätze, von denen man mit dem Citybus bequem ins Zentrum gelangt. Parken kann man zudem in 13 Parkhäusern, günstig gelegen ist die Garage Hoofdstation (Cascade, www.q-park.nl). Das Parken an der Straße ist teurer und auf 1 bis 2 Std. begrenzt.

Restaurants

€–€€ | **Florentin Groningen** Tolles urbanes Setting in einem entkernten Industriebau. Die kleine Speisekarte orientiert sich am gerade rasend populären Streetfood aus Tel Aviv. ■ Langestraat 66, Tel. 050 3642062, www.florentingroningen.nl, Di–So 12–15, Di, Mi, So 17–21, Do, Fr, Sa 17–22 Uhr

Einkaufen

Folkingestraat Niederländer lieben Ranglisten. In Sachen Einkaufsstraßen haben sie 2014 die Folkingestraat zur attraktivsten im ganzen Lande gekürt.

ADAC Mittendrin

Wochenmärkte

Zum niederländischen Alltag gehört der Wochenmarkt – von Gemüse über Käse und Fisch bis zu Blumen und Bekleidung gibt es hier alles, frisch und zu günstigen Preisen. In der Luft hängt der Duft von Frittiertem – Pommes, Hähnchen und natürlich Kibbeling. Neben dem Albert-Cuyp-Markt in Amsterdam zählt der Markt in Groningen zu den authentischsten (Oude Markt und Vismarkt, Di, Fr, Sa 8–17 Uhr), eine vollständige Liste aller Märkte findet man unter www.hollandsemarkten.nl.

Und wo wir schon dabei sind: Das Feinkostgeschäft Ariola (Nr. 54) wurde 2015 zum besten Geschäft der Niederlande gewählt. Gegenüber bei De Boergondier (Nr. 57) gibt es Leckereien aus der Region, zum Beispiel Groninger Würste mit Nelken. ■ www.folkingestraat.nl

Van der Ley Erste Adresse für Käse. Etwa 300 Sorten, teils groß wie Wagenräder, stapeln sich hier bis zur Decke. ■ Osterstraat 61–63, www.kaasvanderley.nl, Di–Fr 9–18, Sa 9–17 Uhr

Kneipen, Bars und Clubs

Café De Pintelier Die Liebe der Niederländer zu ihren südlichen Nachbarn ist ungebrochen – zumindest wenn es um Kneipen geht. Die Bierkarte im De Pintelier umfasst mehr als 100 Positionen. An den Wänden hängen Fotos der belgischen Royals. ■ Kleine Kromme Elleboog 9, Tel. 050 3185100, www.depintelier.nl, tgl. ab 15 Uhr

In der Umgebung

Groninger Wad

| Wattenmeergebiet |

22 *Einzigartiger Naturraum unter weitem Himmel*

Seebäder kennt die Nordprovinz Groningen nicht. Dafür können Besucher bei Pieterburen in den Genuss einer Wattwanderung kommen – eine durchaus spektakuläre Unternehmung. Unter Anleitung eines erfahrenen Guides geht es mehrere Stunden lang durch das Groninger Wad, einen 34 km langen Streifen Wattküste, der eine einzigartige Flora und Fauna beheimatet. Geführte Touren bietet unter anderem das Hotel Waddenweelde an, das auch das nötige Equipment bereitstellt.

■ Hoofdstraat 84, Pieterburen, Tel. 059 552 85 58, www.waddenweelde.nl, ganzjährig zu wechselnden Zeiten, ab 17,50 €

51 Leeuwarden

Die friesische Kapitale feilt an ihrem Image als Kulturstadt

Information

■ VVV, Sophielaan 4, Tel. 058 234 75 50, www.mooileeuwarden.nl

In viel zu seltenen Momenten schaut die ganze Welt auf Leeuwarden: Die größte Stadt Frieslands (110 000 Einwohner) ist nämlich Start- und Zielpunkt der Elfstedentocht, eines traditionsreichen Schlittschuhrennens, bei dem die ganze Nation zumindest vor dem TV-Schirm mitfiebert. Sobald das Eis auf Grachten und Kanälen dick genug ist, setzt sich ein Peloton von mehr als 17 000 Eisschnellläufern in Bewegung, um eine Strecke von 200 km durch elf friesische Städte in Angriff zu nehmen. Das allerdings war zuletzt 1997 der Fall – auch das legendäre Sportevent ist ein Opfer des Klimawandels. Sonst geht es deutlich beschaulicher zu in Leeuwarden. 2018 machte die Stadt allerdings wieder auf sich aufmerksam – als Europäische Kulturhauptstadt. Auch ganz ohne ein solches Highlight lohnt ein Trip: Ein Spaziergang durch die sternförmig von Grachten umgebene Altstadt ist zu jeder Zeit eine zauberhafte Sache.

Sehenswert

Fries Museum

| Volkskundemuseum |

Interaktives Museum über das friesische Volk, seine Kultur und Sprache. Die Pädagogik ist so modern wie der Bau auffällig. Die Exponate umfassen Trachten, Möbel, Fayencen und Silberarbeiten. Glanzstück der Gemäldesammlung ist Rembrandts berühmtes Porträt der »Saskia van Uylenburg«. Eine eigene Abteilung ist der Spionin Mata Hari gewidmet, die ihre Jugend in Leeuwarden verbrachte. Ihr Geburtshaus brannt leider 2013 ab.

■ Wilhelminaplein 92, www.friesmuseum.nl, Di–So 11–17 Uhr, 15 €, erm. 7,50 €

Restaurants

€€ | **Sems** Kreative niederländische Gerichte wie »Paella van t'wad« (Watt-Paella) oder »Granny Smith« mit Apfel, Aal und Entenleber in einem wunderbaren Herrenhaus. Gute Weinauswahl und bezahlbare Menüs mit vier bis sechs Gängen. ■ Gouverneursplein 36, Tel. 058 216 22 14, www.semsleeuwarden.nl, Di–So ab 16 Uhr

52 Franeker

Bezauberndes friesisches Städtchen mit zwei zeitlosen Sehenswürdigkeiten

Auch Franeker (13 000 Einw.) ist eine der elf friesischen Städte, die zum Parcours der Elfstedentocht gehören. Die Tour kann mittlerweile auch per Boot, Fahrrad, Rollerblades oder auf dem SUP-Board absolviert werden. Gute Gründe für einen Besuch sind aber auch die gotische Martinikerk, das Rathaus von 1591, ein Schmuckstück der niederländischen Renaissance mit Turm und Treppengiebeln, sowie das einzigartige Planetarium.

Sehenswert

Koninklijk Eise Eisinga Planetarium

| Museum |

23 *Privatplanetarium eines Hobbyastronomen aus dem 18. Jh.*

Das älteste noch intakte Planetarium der Welt befindet sich in einem unscheinbaren Giebelhaus an einer Gracht. Es gehörte einst dem Wollkämmerer Eise Eisinga, der zwischen 1774 und 1781 mittels eines komplizierten hölzernen Räderwerks das Sonnensystem nachbaute. Sein Motiv: Damals grassierte das Gerücht, die Kollision zweier Planeten würde den Weltuntergang zur Folge haben. Mit seinem Modell, in dem der Saturn wie in der Realität über 29 Jahre zur Umrundung der Sonne benötigt, wollte er derlei abergläubische Befürchtungen ein für alle Male widerlegen.

■ Eise Eisingastraat 3, www.planetarium-friesland.nl, ganzjährig Di–Sa 10–17, So 11–17, April–Okt. auch Mo 11–17 Uhr, 5,50 €, erm. 4,50 €

53 Harlingen

Die Hafenstadt am Wattenmeer hebt sich bewusst vom Rest Frieslands ab

Information

■ VVV, Grote Bredeplaats 12b, Tel. 051 743 02 07, www.vvvharlingen.nl

Die meisten Urlauber sehen von Harlingen (knapp 15 000 Einwohner) nur das Fährterminal – hier legen die Boote nach Terschelling und Vlieland ab. Wer jedoch bei der Ausfahrt aus dem Hafen an Deck steht, sieht zwischen den Masten der Segelboote die Silhouette einer stolzen Hafenstadt, die links liegen zu lassen schade wäre. In der hübschen Altstadt zwischen Noorder- und Zuiderhaven wurden viele Bauten restauriert, die heute unter Denkmalschutz stehen. Eine tolle Kulisse für eine Erkundungstour – mit und ohne Kamera. In Harlingens Leuchtturm kann man übernachten.

ADAC Mobil

Bootsurlaub in Friesland

Sie wollten schon immer mal Ihr eigener Kapitän sein? In den Niederlanden kann man Hausboote und Jachten bis 15 m Länge und mit einer Geschwindigkeit bis 15 km/h auch ohne Führerschein mieten. Ideales Revier für einen Bootsurlaub ist Friesland mit mehr als 10 000 ha Wasserfläche und einem endlosen Netz an Flüssen, Kanälen und Seen. Anfängern kommt entgegen, dass es hier so gut wie keine Schleusen und nur wenig Berufsschifffahrt gibt.

54 Vlieland

Die autofreie Nordseeinsel besitzt nur ein Dorf, dafür umso mehr Strand

Information

■ Infozentrum mit Aquarium, Dioramen, geführten Dünen- und Wattwanderungen und Vogelbeobachtungstouren: De Noordwester, Dorpsstraat 150, Tel. 056 2451700, www.denoordwester.nl

Endlich Ferien. Dieser Gedanke drängt sich unweigerlich auf, sobald die Insel erreicht ist. Dabei hätte nicht viel gefehlt, und die Regierung hätte das Eiland der Natur überlassen. Die unnachgiebige Nordsee, eine schwindende Bevölkerung und der gescheiterte Versuch, landwirtschaftliche Aktivitäten zu etablieren, hatten allen Betroffenen zugesetzt. Auch war das Inseldorf West-Vlieland bereits 1736 den Fluten zum Opfer gefallen. Dieses Schicksal blüht Oost-Vlieland mit alten Giebelhäusern und hübschem Leuchtturm nun nicht mehr. Stattdessen locken herrliche Strände, hohe Dünen, attraktive Radwege und die herrlich salzige Luft einer Insel. Nur ein Wermutstropfen bleibt: Das westliche Drittel Vlielands ist immer noch ein Truppenübungsplatz, der ganz selten auch heute noch genutzt wird.

Restaurants

€–€€ | Badhuys Einziger Strandpavillon der Insel, innen gemütlich, draußen von einem Windschutz abgeschirmt. Die Küche zeigt sich neuerdings ambitionierter. ■ Badweg 6, Tel. 056 2451992, www.badhuys.com, tgl. ab 10 Uhr

Erlebnisse

Vliehors Express Die mit Panoramafenstern ausgestatteten gelben Trucks sehen etwas martialisch aus. Wer jedoch die Sandwüste Vliehors im Westen der Insel erkunden möchte, kommt zumindest an Wochentagen nicht an diesem Angebot vorbei. Mit etwas Glück bekommt man unterwegs Seehunde zu sehen. Ein Stopp wird auch am Drenkelingenhuisje gemacht, einem Häuschen auf Stelzen, das als Zuflucht für gestrandete Schiffbrüchige errichtet wurde. ■ Middenweg 41, www.vliehorsexpres.nl, wechselnde Abfahrtzeiten, 17,50 €, erm. 11/5 €

ADAC Mobil

Fähren zu den Nordseeinseln

Die Fahrtzeiten zu den Nordseeinseln variieren stark. Während Texel ab Den Helder (www.teso.nl) in 20 Min. erreichbar ist, dauert die Reise von Harlingen nach Vlieland oder Terschelling (www.rederij-doeksen.nl, mind. 5 × tgl.) mit der Fähre bis zu 2 Std., Schnellboote brauchen 45 Min. Die Häfen auf Ameland (ab Holwerd) und Schiermonnikoog (ab Lauwersoog, beide www.wpd.nl) werden in 45 Min. erreicht. Die Preise variieren je nach Saison, Tag und Uhrzeit. Es gilt zu beachten, dass Vlieland und Schiermonnikoog weitgehend autofrei sind, hier dürfen nur Einheimische ein Fahrzeug benutzen. In der Nähe aller Häfen stehen große Parkplätze zur Verfügung.

Wandern

Vliehors Europas größte zusammenhängende Sandfläche ist ein spektakuläres Gebiet zum Wandern. Im Osten wird sie von den Kroonspolders begrenzt, einem Vogelschutzgebiet. Individuelle Touren sind von Freitagnachmittag bis Montagfrüh möglich – den Rest der Woche ist das Areal militärisches Sperrgebiet.

55 Terschelling

Auf der lang gezogenen Insel scheint die Zeit langsamer zu vergehen

Information

■ VVV, Willem Barentszkade 19a, West-Terschelling, Tel. 056 244 30 00, www.vvvterschelling.nl

Ausreichend Distanz zum Festland. Ein 30 km langer Strand von bis zu 1000 m Breite. Weitläufige, von riesigen Vogelscharen bevölkerte Naturschutzgebiete. Und eine gute Infrastruktur ohne allzu viele Attraktionen, hinter die es ein Häkchen zu setzen gilt. Klingt nach einem perfekten Urlaubsrevier – und genau diese Erwartung erfüllt Terschelling auch. Was nicht bedeutet, dass die Insel keine Überraschungen zu bieten hätte. So ist man stolz auf die wild wachsenden Cranberrys, die einem Schiffbruch zu verdanken sind. Auf der Insel leben fast 5000 Menschen, die über drei größere und neun kleinere Orte verteilt sind. Wahrzeichen ist der Brandaris im Hauptort West-Terschelling. Der 1594 erbaute Leuchtturm ist der älteste des Landes. Er ragt 56 m in den Himmel, kann aber nicht erklommen werden.

Im Blickpunkt

Saubere Strände

Die niederländischen Strände sind besonders sauber und kinderfreundlich. Das Wasser fällt flach ab, gut sichtbare Schilder mit unverwechselbaren Piktogrammen an den einzelnen Strandabschnitten machen die Orientierung auch für kleine Kinder leicht. Ebbe und Flut sorgen für viel Abwechslung. Darüber hinaus können sich zwischen Zeeland und Schiermonnikoog 57 Strände einer Auszeichnung mit einer Blauen Flagge (www.blauwevlag.nl) rühmen. Diese wird nach international gültigen Kriterien für sehr gute Wasserqualität vergeben. Der Strand von Texel ist der längste, der von Schiermonnikoog der breiteste der Niederlande. Den Strand von Terschelling säumen hohe Dünen, und am Strand von Cadzand kann man bei Ebbe mit etwas Glück fossile Haifischzähne finden.

Auf Ameland trifft sich die niederländische Mountainbike-Elite zu Strandrennen

Sehenswert

Bunkers Terschelling
| Kriegsmuseum |
Der ehemalige Atlantikwall ist auf der Insel fast im Originalzustand erhalten. Vier der 85 Bunker fungieren heute als Museum. Der Besuch erinnert an ein dunkles Kapitel der Geschichte – und daran, welch Privileg ein Leben in Frieden und Freiheit ist.

■ Tigerpad 5, West-Terschelling, www.bunkersterschelling.nl, Führungen zwischen 10 und 13 Uhr, 9 €

Restaurants

€ | t' Amsterdamsche Koffijhuis Seit 1978 der Inbegriff von Gemütlichkeit auf Terschelling. ■ Badweg Hoorn 16, Hoorn, Tel. 056 244 83 67, www.hetamsterdamschekoffijhuis.nl, Mi–Mo ab 12 Uhr

Einkaufen

Cranberry Terschelling Inselspezialitäten mit Cranberrys als Hauptzutat. ■ Mersakkersweg 5, Formerum, Tel. 056 244 88 00, www.terschellingercranberry.nl, Mo–Sa 12–16 Uhr, Sept. auch So

56 Ameland

Die noch sehr ursprüngliche Insel steht zu großen Teilen unter Naturschutz

Information

■ VVV, Bureweg 2, Nes, Tel. 051 954 65 46, www.vvvameland.nl

Ameland pflegt seinen eigenen Dialekt. Lange lebten die Bewohner von der Jagd auf Wale, bis 1777 ein Boot im arktischen Packeis steckenblieb. Anfang des 20. Jh. gewann der Tourismus an Bedeutung. Zunächst kamen kranke Kinder aus Deutschland, die in der heilsamen Meeresluft ihre Ferien verbrachten. Heute zieht Ameland vor allem Familien an. Doch die Traditionen geraten nicht in Vergessenheit. Dafür bürgt unter anderem das Maritiem Centrum, das ein einzigartiges Rettungsboot unterhält. Hauptorte sind Nes (mit Fährhafen) und Hollum (mit dem charakteristischen Leuchtturm).

Sehenswert

Maritiem Centrum Abraham Fock
| Seefahrtsmuseum |
Interessantes Schifffahrtsmuseum, das ein historisches Ritual am Leben erhält: 14-mal pro Jahr wird unter großem Publikumszuspruch die »Abraham Fock« zu Wasser gelassen. Das ehemalige Rettungsschiff wird wie anno dazumal von zehn Pferden ins Meer gezogen (Termine beim VVV).

■ Oranjeweg 18, Hollum, www.vvvameland.nl, Mo–Fr 10–17, Sa, So 13.30–17 Uhr, im Winter kürzer, 5,25 €, erm. 4 €

57 Schiermonnikoog

Der feine Sandstrand an der Nordküste gehört zu den schönsten Europas

Information

■ VVV, Reeweg 5, Tel. 051 9531233, www.vvvschiermonnikoog.de

Schiermonnikoog hat eine Ausdehnung von nur 16 × 4 km. Dennoch ist es ein Gefühl von Weite, das sich hier gleich nach Ankunft breit macht. Schließlich konzentriert sich das Leben auf ein einziges Dorf. Um seine Ursprünglichkeit für nachfolgende Generationen zu konservieren, wurde das Eiland 1989 zum Nationalpark erklärt. Besucher müssen ihr Auto auf dem Festland lassen. Die Strände gehören zu den weitläufigsten Europas.

Sehenswert

Nationaal Park Schiermonnikoog
| Naturschutzgebiet |
Rad- und Wanderwege erschließen eine abwechslungsreiche Landschaft, die Dünen, Wald, Salzwiesen und Polder, Strand und Watt umfasst. Mehr als 300 Vogelarten und viele seltene Pflanzen sind hier heimisch. Der Park ist frei zugänglich, eine Ausnahme bilden als Vogelschutzgebiet ausgewiesene Flächen während der Brutzeit.

■ Besucherzentrum: Ausstellung, Rad- und Wanderkarten, geführte Exkursionen, Torenstreek 20, Tel. 051 9531641, www.np-schiermonnikoog.nl, Mo–Sa 10–12, 13.30–17, So 10–14 Uhr, 2 €

ADAC Wussten Sie schon?

Nationaler Heringstest
Unter dem Namen »Hollandse Nieuwe« kommt meist ab Mitte Juni der junge Matjes auf den Markt. Er stammt zwar heute überwiegend aus norwegischen Gewässern. Das hält aber Experten nicht davon ab, die Qualität des aktuellen Jahrgangs sorgfältig unter die Lupe zu nehmen und in einschlägigen Publikationen die besten Adressen aufzulisten. Als beständig gut gilt der Fischhandel Metz in Nes auf Ameland (Reeweg 27, www.vishandelmetz.nl, tgl. 11–20 Uhr).

Gefällt Ihnen das?

Sie urlauben gern auf Inseln? Auf **Schiermonnikoog** (S. 117) sind Sie richtig, wenn Sie gern Rad fahren, durchs Watt wandern und Vögel beobachten. **Texel** (S. 35) punktet mit fantastischen Stränden und lokalen Erzeugnissen wie dem Bier »Skuumkoppe« oder Graswiesenlamm. Die IJsselmeerinsel **Marken** (S. 32) mit ihren grünen Holzhäuschen begeistert Nostalgiker. **Urk** (rechts) schließlich ist zwar keine Insel mehr, entfaltet aber rund um den alten Hafen nach wie vor viel Atmosphäre.

Restaurants

€–€€ | De Marlijn Strandpavillon, der bei Ebbe über eine schier endlose Sandfläche wacht. Die Karte hält angenehme Überraschungen wie Lamm von der Insel oder Fischcurry bereit. ■ Prins Bernhardweg 2, Tel. 051 953 13 97, www.demarlijn.com, tgl. ab 10 Uhr

58 Sneek

Das friesische Städtchen besitzt ein weithin bekanntes Monument

Information

■ VVV, Kleinzand 16, Tel. 0515 75 06 78, www.vvvsneek.nl

Inmitten der friesischen Seenlandschaft gelegen, ist Sneek vor allem Wassersportlern ein Begriff. Für die ist es ein Erlebnis, ein weithin einzigartiges Bauwerk aus der Nähe zu sehen: das grazile Waterpoort. Eingerahmt von zwei achteckigen Türmen, überbrückt das 1492 vollendete Brückentor ein gleichnamiges Gewässer. Dahinter liegt ein unversehrtes, altes Bilderbuchstädtchen, wie es sie nur in den Niederlanden gibt. Sneek ist zugleich Ausgangspunkt für längere Bootsausflüge in die wasserreiche Umgebung (www.rondvaart-allure.nl).

59 Urk

24 *Alter Inselort, umgeben von jungem Polderland*

Information

■ VVV, Wijk 2-2, Tel. 052 768 40 40, www.touristinfourk.nl

Als Insel war Urk im 10. Jh. Eigentum eines Kölner Klosters. Später etablierte sich hier eine stolze Fischergilde, die auf hoher See unterwegs war. Am Fischereimonument erinnern Tafeln mit Namen an die Seeleute, die nicht mehr nach Hause kamen. Der Bau des Abschlussdeichs konnte die Ambitionen auf den Weltmeeren noch nicht beenden. Erst das Inkrafttreten von Fangquoten bereitete der lokalen Fischerei weitgehend den Garaus. Mittlerweile hatte Urk auch seinen Status als Insel verloren: Erst schuf ein Deich eine Verbindung zum Festland. Nach der Trockenlegung des Nordoostpolders war es mit der Insellage endgültig vorbei. Ihren Sonderstatus mögen die Urker aber bis heute nicht aufgeben: Sie kultivieren weiter das Gefühl, Insulaner zu sein, tragen mit Stolz ihre Trachten, und die Regeln der Kirche scheinen hier noch mehr zu gelten als anderswo. So wird das hübsche Stadtbild um eine aparte Atmosphäre bereichert.

60 Emmen

Die größte Stadt der Provinz Drenthe verkörpert die modernen Niederlande

Information

■ www.emmenmaakhetmee.nl

Mit all den starken Rivalen am Meer und den geschichtsträchtigen Städten tut sich der ländliche Nordosten ein wenig schwer. Das moderne Emmen aber stellt sich dem Konkurrenzkampf mit Attraktionen wie dem weitläufigen Tierpark und dem Van Gogh Huis (www.vangogh-drenthe.nl), in dem das Malergenie 1883 lebte. In der Umgebung sind neben dem Freilichtmuseum Veenpark eine steinzeitliche Moorbrücke und zahlreiche Hügelgräber zu entdecken, über die das Hunebedcentrum in Borger (www.hunebedcentrum.eu) informiert.

Kinder

Wildlands Adventure Zoo Aus dem einst beschaulichen Tiergarten ist ein moderner Abenteuerzoo geworden, dessen Gehege nach Erdteilen angeordnet sind. Das neue Konzept ist erfolgreich, erinnert aber zuweilen an einen Vergnügungspark. ■ Raadhuisplein 99, www.wildlands.de, tgl. 10–17 Uhr, 27,50 €, erm. 23 €, online günstiger

In der Umgebung

Veenpark Das Freilichtmuseum gibt Einblicke in den Alltag eines Moordorfs in der Zeit um 1920. Das von Kanälen durchzogene Areal kann mit einem Torfschiff erkundet werden, eine Feldbahn fährt zu einem ehemaligen Handtorfstich. ■ Berkenrode 4, Barger-Compascuum, Tel. 059 132 44 44, www.veenpark.nl, April–Okt. tgl. 10–17, Mitte Juli–Aug. 10–18 Uhr, 16,50 €, erm. 15,50 €

Der Zoo in Emmen entführt auf eine Expedition in die exotischsten Ecken der Erde

Übernachten

Das Übernachtungsangebot auf den Westfriesischen Inseln hat sich in der jüngeren Vergangenheit deutlich verbessert. Auch Groningen und Leeuwarden bieten angenehme Quartiere. Auf dem platten Lande können die Unterkünfte recht rustikal sein – hier lebt der calvinistische Verzicht auf Luxus fort.

Groningen 110

€–€€ | Schimmelpenninck Huys Gediegene Unterkunft mit klassischem Mobiliar in einem schönen Patrizierhaus. Auch die Lage mitten im Stadtkern ist prima. ■ Oosterstraat 53, Tel. 050 318 95 02, www.charmehotels.eu

Leeuwarden 112

€–€€ | Post Plaza Hotel Nagelneues Boutiquehotel in den Räumen eines ehemaligen Postamts. Historische Architektur und moderne Einrichtungsgegenstände ergeben ein stimmiges Ganzes. ■ Tweebaksmarkt 25 und 27, Tel. 058 215 93 17, www.post-plaza.nl

Harlingen 113

€€€ | Havenkraan Für den ganz besonderen Anlass: Dieses kleine Hotel bietet Zimmer in einem Hafenkran, einem Leuchtturm und im Bauch eines Rettungsschiffs. Sehr gefragt, frühzeitig reservieren! ■ Dokkade 5, Tel. 051 741 44 10, www.dromenaanzee.nl

Vlieland 114

25 **€€ | Het Posthuys** Weit außerhalb des einzigen Inseldorfs befindet sich in der früheren Poststelle das vermutlich abgelegenste Hotel des Landes. Die Zimmer sind frisch renoviert. Wer die Fenster öffnet, hört das Rauschen des Meeres – und bei klarem Himmel rundet ein herrlicher Sternenhimmel den Aufenthalt ab. ■ Postweg 4, Tel. 061 120 65 87, www.posthuysvlieland.nl

Terschelling 115

€€ | Hotel Paal 8 Großes Strandhotel mit geräumigen Zimmern und umfassender Ausstattung. ■ Badweg 4, Terschelling West, Tel. 056 244 90 90, www.hotelpaal8.com

Ameland 116

€€ | Zee van Tijd Schick, intim und frisch: Das Designerhotel ist eine freundliche Adresse auf der Insel. Schon der Name ist sympathisch. Er bedeutet frei übersetzt: »Ich habe ewig Zeit.« ■ Rixt van Doniastraat 18, Nes, Tel. 051 954 30 03, www.zeevantijd.nl

Schiermonnikoog 117

€€ | Hotel Duinzicht Familiengeführtes Dreisternehaus am nördlichen Ortsrand; der Strand ist etwa 700 m entfernt. Gutes Fischrestaurant, Radverleih, unterschiedlich geschmackvolle Zimmer. ■ Badweg 17, Tel. 051 953 12 18, www.hotelduinzicht.nl

Die exotischste
Zutat?
Deine
Neugier.
G|U
VIETNAM
TAJINE
TEX-MEX
KÜCHE
So gut schmeckt
die Welt.
Koch dich einmal um den Globus mit der erfolgreichsten Kochbuchreihe der Welt und aufregenden Ideen für Köstlichkeiten aus aller Herren Länder. Für dein leckerstes Ich.
Überall, wo es Bücher und E-Books gibt, und auf www.GU.de

ADAC Service Niederlande

Beim **ADAC Infoservice**, in den **ADAC Geschäftsstellen** sowie auf dem **Internetportal des ADAC** (adac.de) erhalten Sie Informationen zu den Dienstleistungen des Automobilclubs und zu Ihrem Reiseziel. Als **ADAC Mitglied** können Sie zudem das kostenlose **ADAC Tourset® Niederlande** mit vielen Reiseinfos und Karten anfordern oder die **Tourset App** auf dem **Smartphone** oder **Tablet-PC** installieren (adac.de/toursetapp).
Rufen Sie bei Pannen und Notfällen die **ADAC Pannenhilfe** bzw. den **ADAC Ambulanzdienst** an. Unser Team steht Ihnen rund um die Uhr zur Verfügung.

ADAC Infoservice

T 0 800 510 11 12
Infos zu allen ADAC Leistungen
(Mo–Sa 8–20 Uhr, gebührenfrei)

ADAC Ambulanzdienst

T 089 76 76 76
(Erkrankung, Unfall, Verletzung, Transportfragen, Todesfall)

ADAC Pannenhilfe Deutschland

T 089 20 20 4000, Mobil 22 22 22
(Verbindungskosten je nach Netzbetreiber/Provider)

ADAC Pannenhilfe Ausland

T +49 89 22 22 22
(Verbindungskosten je nach Netzbetreiber/Provider)

Internet-Serviceangebote des ADAC für Ihre Reiseplanung

Service	Webadresse
Aktuelle Verkehrslage	adac.de/verkehr
ADAC Routenplaner	adac.de/maps
Infos zu Tankstellen und Spritpreisen	adac.de/tanken
Infos zu mautpflichtigen Strecken	adac.de/maut
Infos zu Fährverbindungen	adac.de/faehren
ADAC Tourmail (aktuelle Infos vor Anreise)	adac.de/tourmail
Informationen für Camper	adac.de/camping
Informationen für Motorradfahrer	adac.de/motorrad
Informationen für Segler und Skipper	adac.de/sportschifffahrt
ADAC Reiseangebote	adacreisen.de
ADAC Autovermietung	adac.de/autovermietung
ADAC Versicherungen für den Urlaub	adac.de/versicherungen
Weltweite Preisvorteile für ADAC Mitglieder	adac.de/vorteile-international

Diese **Produkte des ADAC** könnten Sie interessieren: **ADAC Reiseführer Amsterdam, ADAC Reiseführer Nordseeküste Schleswig-Holstein mit Inseln** und **ADAC Campingführer Deutschland und Nordeuropa** – erhältlich im Buchhandel, bei den ADAC Geschäftsstellen und in unserem ADAC Online-Shop (adac.de/shop).

Anreise und Einreise

Einreise und Dokumente

Die Niederlande gehören zu den Unterzeichnern des Schengener Abkommens, Passkontrollen an der Grenze finden daher allenfalls sporadisch statt. Zur Einreise genügt für EU-Bürger und Schweizer ein gültiger **Personalausweis** oder **Reisepass.** Kinder benötigen ein eigenes Ausweisdokument.

Auto

Über das europäische Autobahnnetz gelangt man mit dem Pkw oder Camper zügig in die Niederlande. Gegenwärtig gilt dort **keine Mautpflicht.** Reisende aus Norddeutschland fahren zunächst auf der E 22/A 28 bis Groningen, von dort geht es auf der A 7 und A 6 über Flevoland nach Amsterdam. Alternativ kann man von Groningen aus der E 22 bis Leeuwarden folgen und anschließend über Afsluitdijk und A 7 Amsterdam ansteuern. Aus dem Raum Berlin, Hannover und Osnabrück gelangt man auf der E 30/A 1 vorbei an Enschede und über Apeldoorn nach Utrecht oder nach Amsterdam.

Vom Ruhrgebiet führt die E 35 über Arnhem nach Utrecht und zu anderen größeren Städten der Niederlande. Wer über das Rheinland anreist, nutzt die schnelle Verbindung über die E 31 nach Nijmegen. Alternativ geht es auf der E 34 zunächst nach Eindhoven und von dort nördlich der belgischen Grenze nach Westen oder auf der A 2 nach Amsterdam.

Von Köln erreicht man Maastricht und die grenznahe Provinz Limburg am besten über Aachen (A 4) und die E 314. Von dort kann man die A 2 nach Norden in andere Regionen der Niederlande nutzen.

Bahn

Auch mit der Bahn können Touristen die Niederlande bequem erreichen. Die wichtigsten Bahnhöfe für internationale Züge sind **Amsterdam** und **Utrecht Centraal.** Auf der ICE-Strecke Frankfurt–Köln–Düsseldorf–Amsterdam verkehren täglich sieben Zugpaare. Die Fahrtzeit ab Frankfurt beträgt 4 Std., ab Köln sind es 2 Std. 45 Min. Bei frühzeitiger Buchung sind **Europa-Spezial-Tickets** ab 19,90 Euro pro Strecke zu bekommen. Von Berlin über Hannover und Osnabrück verkehren bei einer Fahrtzeit von 6,5 Std. tgl. sechs Zugpaare, auch hier sind Sparpreis-Tickets ab 39 € pro Strecke erhältlich. Die grenzüberschreitende Mitnahme eines Fahrrads erfordert eine internationale **Radkarte** (10 €).

- **Deutsche Bahn,** Tel. 0180 699 66 33, www.bahn.de
- **Österreichische Bundesbahn,** Tel. 05 17 17, www.oebb.at
- **Schweizerische Bundesbahn,** Tel. 0848 44 66 88, www.sbb.ch
- **Nederlandse Spoorwegen (NS),** Tel. 030 751 51 55, www.ns.nl

Bus

Fernbusse von Deutsche Touring/Eurolines (www.eurolines.de), Flixbus (www.flixbus.de) und anderen Anbietern verkehren von den größeren Städten Deutschlands und Österreichs nach Amsterdam, Breda, Den Haag, Rotterdam und Utrecht und zu weiteren Destinationen in den Niederlanden. Einen Überblick über die aktuell bestehenden Verbindungen bietet das Portal www.busliniensuche.de.

Viele **private Busunternehmen** organisieren Wochenendtrips nach Amsterdam und Reisen zur Tulpenblüte oder zu anderen speziellen Events.

Flugzeug

Der Flughafen **Amsterdam Schiphol** (AMS, www.schiphol.nl) wird von vielen Städten Deutschlands, Österreichs und der Schweiz aus angeflogen. Die niederländische KLM (www.klm.com) unterhält Verbindungen ab Hamburg, Berlin, Dresden, Frankfurt/Main, Stuttgart, Nürnberg, Zürich und Wien. Die Lufthansa-Tochter Eurowings (www.eurowings.com) fliegt ab Stuttgart und München, während die Lufthansa Schiphol ab Frankfurt/Main ansteuert. Die britische Easyjet (www.easyjet.com) verkehrt von Berlin und Wien nach Amsterdam, die niederländische Transavia (www.transavia.com) ab München. Ab Zürich kommt Swiss (www.swiss.com), ab Wien Austrian (www.austrian.com) hinzu. Schiphol liegt 17 km südwestlich der Stadt, die Züge der Nederlandse Spoorwegen (www.ns.nl) bieten direkten Anschluss nach Amsterdam, Den Haag, Rotterdam und Utrecht. Weitere Airports mit internationaler Anbindung sind **Rotterdam/Den Haag** (www.rotterdamthehagueairport.nl) und **Eindhoven** (www.eindhovenairport.nl).

Auto und Verkehr

Führerschein und Papiere

Nötig sind **nationaler Führerschein** und **Zulassungsbescheinigung Teil 1** (vormals Fahrzeugschein); die Internationale **Grüne Versicherungskarte** wird empfohlen, weil sie bei einem Unfall die Abwicklung erleichtert.

Straßennetz

Die Niederlande sind klein und die Entfernungen daher nie allzu groß, das Straßennetz ist gut ausgebaut und sehr dicht. Entsprechend hoch ist aber auch das Verkehrsaufkommen. Besonders in der Randstad – dem Ballungsgebiet zwischen Amsterdam, Rotterdam und Utrecht – muss mit Staus und Verkehrsbehinderungen jederzeit gerechnet werden.

Verkehrsvorschriften

Verstöße gegen die Verkehrsvorschriften werden in den Niederlanden mit vergleichsweise drastischen Strafen geahndet: Wer das **Geschwindigkeitslimit** auf der Autobahn um 25 km/h überschreitet, muss mit 241 € Bußgeld rechnen. In geschlossenen Ortschaften schlägt der gleiche Verstoß mit 256 € zu Buche. Mobiles Telefonieren ohne Freisprecheinrichtung kostet 240 €. Dieselbe Strafe wird fällig, wenn man rechts überholt. Die **Promillegrenze** beträgt 0,5, für Fahranfänger gilt in den ersten fünf Jahren 0,2. **Bußgelder** werden häufig gleich an Ort und Stelle erhoben und auch noch im Heimatland eingetrieben: Die Niederlande machen hier von ihrem Recht zur Kooperation mit ausländischen Behörden Gebrauch und setzen ggf. Inkassobüros ein.

Tempolimits in den Niederlanden

Straße	Tempolimit
Autobahn	130 km/h
Landstraße	80–100 km/h
Ortschaft	max. 50 km/h

Tanken

In den Niederlanden gibt es ein dichtes Netz an Tankstellen. Am späteren Abend und nachts sind diese jedoch häufig nicht mit Personal besetzt, sodass man sich an **Automaten** mit Kraftstoff versorgen und mit Bank- oder Kreditkarte zahlen muss. Der **Preis** für

Der Flughafen Schiphol zählt zu den vier größten Europas

Diesel entspricht dem in Deutschland, alle anderen Benzinsorten sind aufgrund einer höheren Besteuerung um 25 Cent pro Liter teurer.

Parken

In den großen Städten sind Parkplätze rar und teuer, man parkt am besten auf einem **Park-&-Ride-Platz** außerhalb des Zentrums. **Parkgaragen** sind meist günstiger als das Parken am Straßenrand. An **Parkuhren** müssen Autobesitzer häufig ihr Nummernschild eingeben und dann mit Bank- oder Kreditkarte im Voraus für die gewünschte Parkdauer bezahlen. Bargeld wird nicht akzeptiert. Wenn ein Parkscheinautomat defekt ist, muss man das Ticket am nächstgelegenen Automaten lösen. Die gefürchteten **Parkkrallen** waren für längere Zeit aus dem Straßenbild verschwunden, seit 2016 erleben sie aber ein Comeback: Wer fünf Strafzettel nicht bezahlt hat, wird festgesetzt. Erfolgt die Bezahlung nicht binnen 24 Std., wird der Wagen abgeschleppt. Fahrzeughalter, die ihren Wagen auslösen möchten, müssen Tel. 140 20 wählen (24 Std. besetzt).

Maut

Die Benutzung öffentlicher Straßen ist in den Niederlanden nicht mautpflichtig. Ausnahmen bilden der **Westerscheldetunnel** (Pkw bis 6 m 5 €) und der **Kil-Tunnel** zwischen s'Gravendeel und Dordrecht (Pkw bis 2,30 m 2 €).

Unfall

Nach einem Unfall sollte man sofort anhalten, die Unfallstelle sichern und ggf. Verletzten helfen, danach Kennzeichen, Name und Anschrift von Fahrer und Halter der beteiligten Fahrzeuge sowie deren Versicherungsnummer notieren. Wer auf Nummer sicher gehen möchte, lässt sich Name und Anschrift von Unfallzeugen geben und fotografiert die Unfallstelle. Keine fremdsprachigen Schriftstücke unterzeichnen, deren Inhalt nicht verständlich ist. Bei Personenschaden in jedem Fall **Ambulanz** und **Polizei** rufen. Liegen nur Sachschäden vor, ist die Verwendung des »Europäischen Unfallberichts« zu empfehlen (in den ADAC Geschäftsstellen mehrsprachig erhältlich). Die **ADAC Pannenhilfe Ausland** erreicht man bei Fahrzeugpannen und -unfällen unter Tel. +49 89 22 22 22. Im Anschluss an einen Unfall in den Niederlanden hat der Geschädigte zwei Möglichkeiten, seine Schadensersatzansprüche geltend zu machen: bei der gegnerischen Versicherung in den Niederlanden oder über einen Regulierungsbeauftragten der niederländischen Haftpflichtversicherung in Deutschland, der über den Zentralruf der Autoversicherer vermittelt wird.

Zentralruf der Autoversicherer Auskunftsstelle / GDV

■ Glockengießerwall 1, 20095 Hamburg, Tel. 0800 250 26 00, +49 40 300 330 300, www.gdv-dl.de

Barrierefreies Reisen

In den Niederlanden sind viele öffentliche Gebäude, Verkehrsmittel, Unterkünfte, Museen und Sehenswürdigkeiten behindertengerecht ausgestattet. Zur Flotte einiger Taxiunternehmen gehören auch Fahrzeuge, die auf die Bedürfnisse von Rollstuhlfahrern ausgerichtet sind (bei Bestellung nachfragen). An vielen großen Bahnhöfen und am Flughafen Schiphol können Reisende mit Handicap Hilfeleistungen in Anspruch nehmen.

Diplomatische Vertretungen

Botschaft der Bundesrepublik Deutschland

■ Groot Hertoginnelaan 18–20, 2517 EG Den Haag, Tel. 070 342 06 00, www.den-haag.diplo.de (außerdem Generalkonsulat in Amsterdam)

Botschaft der Republik Österreich

■ Van Alkemadelaan 342, 2597 AS Den Haag, Tel. 070 324 54 70, www.bmeia.gv.at (außerdem Honorargeneralkonsulat in Amsterdam)

Botschaft der Schweizerischen Eidgenossenschaft

■ Lange Voorhout 42, 2514 EE Den Haag, Tel. 070 364 28 31/32, www.eda.admin.ch/denhaag

Feier- und Gedenktage

1. Januar (Nieuwjaar, Neujahr), Goede Vrijdag (Karfreitag), Paaszondag (Ostersonntag), Paasmaandag (Ostermontag), 27. April (Koningsdag, Geburtstag des Königs), Hemelvaartsdag (Christi Himmelfahrt), 4. Mai (Dodenherdenking, Volkstrauertag), 5. Mai (Bevrijdingsdag, Befreiungstag), Pinksterzondag (Pfingstsonntag), Pinkstermaandag (Pfingstmontag), 25./26. Dezember (Kerstmis, Weihnachten)

Geld und Währung

In den Niederlanden ist der Euro die offizielle Währung. Erkundigen Sie sich vorab bei Ihrer Bank, welche Gebühren für Abhebungen an Geldautomaten im Ausland gelten. **Kreditkarten** sind ein gängiges Zahlungsmittel, wogegen die Akzeptanz von **Bargeld** sinkt: Die Supermarktkette Marqt etwa verweigert die Annahme von Scheinen und Münzen schon jetzt vollständig. Auch in manchen Kultureinrichtungen wie dem Paradiso in Amsterdam können Drinks nur noch mit Plastikgeld gezahlt werden. Ein Trend, der weiter zunehmen dürfte.

Kosten im Urlaub
(durchschnittliches Preisniveau)

Tasse Kaffee	2,50 €
Softdrink	2,80 €
Glas Bier (0,5 l)	6 €
Glas Wein (0,15 l)	6,50 €
Hauptgericht Restaurant	18 €
Eintritt städtisches Museum	15 €
Mietfahrrad (pro Tag)	12 €

Gesundheit

Das niederländische Gesundheitssystem ist sehr hoch entwickelt und dabei weniger kommerzialisiert als das deutsche. Reisende mit gesetzlicher Krankenversicherung erhalten über die Europäische Krankenversicherungskarte (EHIC) medizinische Leistungen. Privatversicherte profitieren von einem Versicherungsschutz in vollem Umfang der tariflichen Leistungen. Nicht jede Police deckt aber auch den Rücktransport in die Heimat mit ab. Daher ist der Abschluss einer **Reisekrankenversicherung** sinnvoll. **Medikamente** sind in der Regel teurer als in Deutschland und sollten ggf. mitgebracht werden. **Apotheken** haben meist von 9–18 Uhr geöffnet, Infos zum Bereitschaftsdienst hängen aus.
In den Niederlanden lauern keine versteckten gesundheitlichen Gefahren. Von Mai bis September wird die Sonneneinstrahlung gerne unterschätzt, vor allem bei längeren Aufenthalten auf dem Wasser oder am Strand. Sonnenmilch und eine Kopfbedeckung gehören daher unbedingt ins Gepäck.

Haustiere

Für Hunde und Katzen ist ein gültiger, vom Tierarzt ausgestellter **EU-Heimtierausweis** mit Nachweis der Tollwutimpfung (max. 1 Jahr alt, Erstimpfung mindestens 21 Tage vor Grenzübertritt) nötig, ebenso Kennzeichnung durch Mikrochip oder Tätowierung.

Information

Zuständig für touristische Anfragen ist das **Niederländische Büro für Tourismus und Convention (NBTC)** mit Sitz in Köln, das auf seiner Website www.holland.com umfangreiche Informationen bereitstellt. Das NBTC ist nicht für den Publikumsverkehr geöffnet und bietet keine Reiseberatung an.
In vielen Orten befindet sich ein Infobüro des **VVV (Vereniging voor Vreemdelingenverkeer)** oder vergleichbarer kommunaler bzw. regionaler Einrichtungen. Die blau-weißen Hinweisschilder fallen sofort auf. Die Büros halten meist umfangreiches Informationsmaterial bereit. Die Adressen sind im Reiseteil am Beginn der Ortsbeschreibungen aufgeführt.

- VVV Niederlande, www.vvv.nl
- VVV Brabant, www.vvvbrabant.nl
- VVV Drenthe, www.vvvdrenthe.nl
- Visit Flevoland, www.visitflevoland.nl
- VVV Friesland, www.friesland.nl
- VVV Gelders Overijssels Bureau voor Toerisme, www.gobt.nl
- VVV Stad Groningen, www.visitgroningen.nl
- VVV Limburg, www.vvvlimburg.nl

Festivals und Events

Februar/März

Limburg und Brabant: Maastricht und andere südniederländische Städte feiern den **Karneval** als rauschendes Fest.

April

Niederlande: Das ganze Land feiert am 27. April ausgelassen den Koningsdag, wobei das größte Volksfest in Amsterdam begangen wird. An diesem Tag hat König Willem-Alexander Geburtstag.

Am Koningsdag schaltet das ganze Land auf Orange

Mai

Niederlande: Zum Nationale Molen- en Gemalendag werden die historischen Windmühlen des Landes in Betrieb genommen und stehen zur Besichtigung offen (www.molens.nl).

Juni

Provinz Friesland: Das Friese Elfsteden Rijwieltocht Bolsward (www.fietselfstedentocht.frl) ist ein populäres Radrennen.

Amsterdam: Ein hochkarätiges Kulturprogramm bietet das Holland Festival mit Theater, Musik und Tanz (www.hollandfestival.nl).

Scheveningen: Offizielle Eröffnung der Heringssaison am ersten Samstag im Juni mit dem Hollandse Nieuwe beim Vlaggetjesdag (www.vlaggetjesdag.com).

Juli

Rotterdam: Das dreitägige North Sea Jazz Festival (www.northseajazz.com) um die Mitte des Monats zählt zu den renommiertesten Jazz-Events weltweit.

August

Amsterdam: Dreitägiges Kulturfestival Uitmarkt (www.uitmarkt.nl) mit Theater, Oper, Kabarett, Tanz, Kunstexpo und Livemusik sämtlicher Stilrichtungen.

September

Den Haag: Am Prinsjesdag (www.prinsjesdag.nl), dem dritten Dienstag im September, fährt der König mit einer goldenen Kutsche zum Parlamentsgebäude, wo er die Thronrede hält und das Regierungsprogramm vorstellt.

Rotterdam: Die Wereldhavendagen (www.wereldhavendagen.nl) im Viertel Katendrecht locken mit Schiffsparaden, Feuerwerk, Shanty-Chören und dem großartigen Volksfest »Nacht van de Kaap«.

Dezember

Niederlande: Am 5. Dezember (Sinterklaas) verteilen der Nikolaus und sein Knecht, der Zwarte Piet, Geschenke an Kinder. Die Diskussion um die Hautfarbe des Knechtes ist in vollem Gange.

- Toerisme Noord-Holland, www.hollandbovenamsterdam.com
- Toerisme Utrecht, www.visit-utrecht.com
- VVV Zeeland, www.vvvzeeland.nl
- Zuid-Hollands Bureau voor Toerisme, www.zuid-holland.nl

Klima und beste Reisezeit

Das Klima in den Niederlanden ist gemäßigt und unterliegt maritimen Einflüssen. Allgemein sind die Winter etwas milder und die Sommer leicht kühler als in Deutschland, Österreich oder der Schweiz. Gleichwohl kann es im Winter für einen begrenzten Zeitraum frieren und schneien, an warmen Sommertagen erreicht das Thermometer gelegentlich Temperaturen von über 30 °C. Die durchschnittliche Niederschlagsmenge liegt in Amsterdam mit 779 mm deutlich über der Marke von Berlin (591 mm). Auskünfte (auch auf Englisch) unter www.knmi.nl.

Klimatabelle Amsterdam

Monat	Luft (°C, min./max.)	Sonne (h/Tag)	Regentage	Wasser (C°)
Jan.	0/5	2	21	6
Febr.	0/6	3	16	5
März	2/9	4	20	5
April	4/12	6	18	7
Mai	8/17	7	18	10
Juni	10/19	7	19	14
Juli	13/21	7	18	17
Aug.	12/22	7	18	18
Sept.	10/18	4	19	18
Okt.	7/14	3	21	15
Nov.	4/9	3	22	12
Dez.	2/7	2	23	8

Die Wassertemperaturen wurden in Scheveningen gemessen.

Medien

Interessant für Amsterdam-Besucher sind die kostenlos an 350 Stellen ausliegende **»Uitkrant«** mit vielen Kulturterminen sowie das Stadtmagazin **»A-Mag«** (auf Englisch). Im Rest des Landes sind deutsche Tageszeitungen und Magazine an Kiosken und in Buchhandlungen weitverbreitet.

Nachtleben

Die Niederländer gehen gerne aus. Unumstrittene Partystadt Nummer eins ist Rotterdam mit seiner innovativen Clublandschaft. Auch Amsterdam hat in dieser Hinsicht einiges zu bieten, wobei es vor allem im Rotlichtviertel und am Leidseplein laut zugeht. Auch in allen anderen Städten und Badeorten ist das Angebot an Clubs, Bars und Kneipen gut bis sehr gut.

Notfall

Wählen Sie in Notfällen immer die gebührenfreie europäische **Notrufnummer** 112 (Polizei, Feuerwehr, Rettungswagen und/oder Notarzt). ADAC-Mitglieder können sich auch rund um die Uhr an die **ADAC Pannenhilfe Ausland** (Tel. +49 89 22 22 22) wenden.

Öffnungszeiten

Die Öffnungszeiten von **Läden** variieren stark. Gewöhnliche Geschäfte beschränken sich meist auf eine Kernöffnungszeit, die für deutsche Kunden knapp bemessen scheint: Mo 12–18, Di–Fr 10–18, Sa 10–17 und (in vielen Großstädten) So 12–17 Uhr. Alle Städte haben entweder donnerstags oder freitags einen **»Koopavond«,** an dem die Geschäfte in der City bis 21 Uhr geöffnet sind. In einigen Gegenden Amsterdams, Ferienorten und zunehmend auch in anderen Städten setzen sich längere Öffnungszeiten durch. **Banken** haben in der Regel Mo 13–16 und Di–Fr 9–16 Uhr geöffnet.

Post

Filialen der staatlichen **Post NL** (www.postnl.nl) sind selten geworden in den teuren Innenstädten. Sie werden auf der Website angezeigt und haben in der Regel Mo–Fr 9–17, manchmal auch Sa 9–12 Uhr geöffnet, Dependancen befinden sich auch in anderen Geschäften. **Briefmarken** sind auch in Supermärkten wie Albert Heijn (www.ah.nl) erhältlich. Postkarten und Briefe (bis 20 g) ins Ausland müssen mit 1,45 € frankiert werden. Beim Einwerfen in die roten **Briefkästen** gibt es unterschiedliche Schlitze für Inlands- und Auslandssendungen.

Rauchen, Alkohol, Drogen

In allen öffentlichen Gebäuden der Niederlande herrscht **Rauchverbot,** seit 2014 auch in allen gastronomischen Betrieben. Das Verbot gilt auch in Coffeeshops, wo Cannabis lediglich ohne Tabakzusätze konsumiert werden darf. Die Einhaltung wird hier stichprobenhaft kontrolliert.

In weiten Teilen von Amsterdam ist auch der **öffentliche Konsum von Alkohol** verboten. Schilder markieren die Verbotszonen. Das Standardbußgeld für Verstöße beträgt 95 €.

Die Niederlande gelten in Hinblick auf ihre Drogenpolitik als liberal. Der Besitz oder Verkauf von harten oder größeren Mengen weicher Drogen ist jedoch verboten und wird strafrechtlich geahndet. Nicht verfolgt wird lediglich der Konsum von Cannabis in registrierten **Coffeeshops** – unter bestimmten Voraussetzungen: Die Menge von 5 g Cannabis pro Person und Tag darf nicht überschritten werden.

Sicherheit

Die Niederlande sind ein sicheres Reiseland, schwere Verbrechen sind selten. Große Menschenmengen aber ziehen aber auch hier Kleinkriminelle an: Auf Märkten, belebten Plätzen und in öffentlichen Verkehrsmitteln ist mit Taschen- und Trickdiebstahl zu rechnen. Wertgegenstände bewahrt man daher besser im Hotelsafe auf und trägt nur kleine Bargeldmengen mit sich. Diebstähle sollten bei der nächsten Polizeiwache gemeldet werden. Wählen Sie im Notfall die Nummer 112. Umfassende Informationen zur Sicherheit in den Niederlanden gibt es auf der Internetseite des **Auswärtigen Amtes** (www.auswaertiges-amt.de).

Souvenirs

Die Läden quellen über von Touristen-Nippes wie bemalten Klompen. Schöne Mitbringsel sind Käse, Jenever, Blumenzwiebeln, Stroopwafels aus Gouda oder Cranberry-Produkte von der Insel Terschelling. In Amsterdam werden Antiquitätenliebhaber fündig.

Sport

Angeln

Das Angeln in der Nordsee ist relativ unreglementiert und bedarf keiner besonderen Genehmigung. Wer in den fischreichen Binnengewässern angeln möchte, muss den **VISpas** erwerben. Er sieht aus wie eine Kreditkarte und ist für ein Kalenderjahr gültig (30–45 €). Ausgegeben wird er von Angelsportvereinen, Fachgeschäften und vielen Tourismusbüros. Beim Binnenangeln regeln strenge Vorschriften, welche Fische wann, wo und in welcher Menge gefangen werden dürfen (www.sportvisserijnederland.nl).

Golf

Golf ist auch in den Niederlanden ein äußerst populärer Sport. Es gibt mehr als 150 private und knapp drei Dutzend öffentliche Plätze, auf etwa 65 davon sind auch Gäste willkommen. Nähere Infos sowie eine Liste der Anlagen und Clubs findet man auf der Website des **Niederländischen Golfverbands NGF** (www.ngf.nl).

Kanufahren

Flüsse, Kanäle und Grachten sind ein ideales Revier für Kanufahrer. Die auch als App erhältlichen Wasserkarten des ANWB eignen sich hervorragend für die Planung von Paddeltrips. Broschüren und Karten mit Routenvorschlägen liegen zudem in den VVV-Büros aus (Adressen im Reiseteil am Anfang der Ortsbeschreibungen). Weitere Auskünfte erteilt der **Wassersportverband** (www.watersporters.nl).

Radfahren

Mit einem Wegenetz von insgesamt 32 000 km sind die Niederlande ein Traum für Radfahrer. Auf den **LF-Routen** (Landesweite Fahrradrouten) lassen sich längere Touren unternehmen. Klassiker sind die Zuiderzee- oder die Küstenroute. Eine Ergänzung dazu bilden die **Knotenpunkt-Routen,** mit denen sich kürzere Touren planen lassen.

Nirgendwo sonst auf der Welt wird so viel Rad gefahren wie in den Niederlanden

Karten- und Infomaterial gibt es bei den örtlichen VVV-Büros. Der Routenplaner des **niederländischen Fahrradverbands** ist online auch auf Deutsch abrufbar (www.routeplanner.fietsersbond.nl). Man kann damit Touren zusammenstellen, zusätzlich werden Übernachtungsmöglichkeiten und Sehenswürdigkeiten angezeigt. Fahrräder können überall geliehen werden, auch an Bahnhöfen, in Hotels und auf Campingplätzen. In den Niederlanden besteht keine Helmpflicht.

Reiten

Besonders gut eignen sich die Nordseeinseln sowie der Osten des Landes mit zahlreichen Reiterhöfen für einen Reiturlaub. Praktische Tipps und Adressen bekommt man bei **Hippisch Toerisme** (www.hippisch-toerisme.nl) und beim **NVVR** (www.nvvr.info).

Segeln

Das Ijsselmeer, die Nordseeküste und die vielen Binnengewässer sind ein ideales Segelrevier. Insgesamt stehen etwa 300 Marinas zur Auswahl. In Jachthäfen und VVV-Büros sind Routenvorschläge, Adressen von Verleihern und sonstige nützliche Tipps erhältlich. Einen Marinaführer und andere bootstouristische Infos stellt die **ADAC Sportschifffahrt** (adac.de/sportschiffahrt) bereit. Die Vereinigung **Top of Holland Yachtcharter** (www.topofholland.com) umfasst über drei Dutzend führende Bootsverleiher und Segelschulen.

Wandern

Besonders attraktive Wandergebiete sind in den Niederlanden als »Wandelterreinen« ausgewiesen. Die markierten Wege führen häufig durch Landschaftsschutzgebiete. Eine Art Eintrittskarte (Wandelkaartje) ist bei den örtlichen VVV-Büros, beim ANWB oder an Kiosken erhältlich. Weitere Infos findet man auf der Website des **Nederlandse Wandelsport Bond** (www.nwb-wandelen.nl).

Strom und Steckdose

Die **Stromspannung** beträgt in den Niederlanden 220 Volt. Reisende aus Deutschland und Österreich benötigen keinen Steckdosenadapter.

Telefonieren und Internet

Niederländische Festnetznummern bestehen aus sechs oder sieben Ziffern. Hinzu kommt die Vorwahl, die z. B. für Amsterdam 020 lautet. Die Nummern von Mobiltelefonen beginnen mit den Ziffern 06. Seit die EU die **Roaminggebühren** für Mobiltelefonie abgeschafft hat, fallen nur noch geringe Zusatzkosten für Telefonate und Internetbenutzung über das eigene Smartphone an. Die Obergrenze liegt bei 3,2 Cent pro Minute für Anrufe, 1 Cent pro SMS und 7,70 € pro Gigabyte Daten. Dieser Betrag soll schrittweise auf 2,50 Euro im Januar 2022 fallen.

Internationale Vorwahlen:

- Niederlande 00 31
- Deutschland 00 49
- Österreich 00 43
- Schweiz 00 41

Breitbandinternet ist in den Niederlanden Standard. Die meisten Hotels stellen ihren Gästen einen Computer zur Verfügung; häufig bieten sie zudem drahtlosen Internetzugang in der Lobby oder auf dem Zimmer, teils gegen Gebühr. Auch viele Restaurants, Cafés und Fast-Food-Ketten bieten **kostenloses WLAN** an (nach dem Wifi-Code fragen), einige verlangen als Gegenleistung einen »Like« auf ihren Social-Media-Kanälen.

Trinkgeld

Die Niederländer sind ein recht sparsames Volk. Das Trinkgeld liegt daher spürbar unter dem Niveau anderer Länder. Wer in Restaurants bei Zufriedenheit mit dem Service 5 bis 10 % auf den berechneten Betrag aufschlägt, gilt als großzügig.

Umgangsformen

Hegten sie lange Zeit Vorbehalte gegen Deutsche, so sind die Niederländer heute fast durch die Bank gut auf ihre Nachbarn zu sprechen. Dennoch ist es unhöflich, in einem Strandpavillon eine Bestellung auf Deutsch abzugeben. Wer ein paar Brocken Niederländisch spricht, sollte diese auch einsetzen. Wenn man anschließend auf Deutsch oder Englisch angesprochen wird, ist die weitere Richtung für die Unterhaltung vorgegeben. Förmliche Kleidung ist höchstens beim Konzert oder in Nobelrestaurants zu sehen, aber auch dort meist nicht zwingend erforderlich. Dazu passt, dass im Gespräch fast immer die Anrede »Du« verwendet wird. Auf den Straßen sind Autofahrer generell zurückhaltender als in Deutschland. Dies sollte man unbedingt beachten. Hupen, Aufblenden und penetrantes Blinken sind verpönt.

Im Blickpunkt

Das Verhältnis zu den Deutschen

Schwierig und emotional. So ließ sich das Verhältnis der Niederländer zu den Deutschen lange Zeit beschreiben. Zu tief waren die Wunden des Zweiten Weltkriegs und der damit einhergehenden Besatzung (1940–1945). Hinzu kam, dass die Niederländer ihre eigene Rolle während dieser Zeit nur unzureichend aufgearbeitet hatten. Sie waren eben nicht nur Widerstandskämpfer, sondern in manchen Fällen auch Kollaborateure. Erst in den letzten Jahrzehnten hat sich das Bild gewandelt, die alten Vorurteile verlieren an Geltung. Heute ist Deutschland das Reiseland Nummer eins für die Niederländer, sie stellen fast 20 % der Übernachtungen. Besonders beliebt sind Bayern und die Mittelgebirge. Ein Städtetrip nach Berlin gehört zum Pflichtprogramm für die junge Generation. Vor allem die liberale Flüchtlingspolitik in Deutschland hat viele Niederländer beeindruckt, nachdem ihr eigenes Land die Schotten immer weiter dicht macht.

Unterkunft und Hotels

Bed & Breakfast

Privatvermieter, die Zimmer mit Frühstück bieten, können im Holländischen auch »Logies en Ontbijt«, »Gastenkamer« oder »Pension« heißen. Eine Liste guter Unterkünfte bietet die Organisation **Bed & Breakfast Nederland** unter www.bedandbreakfast.nl.

Camping

Die Niederländer sind als Campingfreunde bekannt. Etwa 1000 meist gut ausgestattete Campingplätze konzentrieren sich in den Urlaubsgebieten vor allem entlang der Nordseeküste. Die landschaftlich oft reizvoll gestalteten Plätze verfügen über gute sanitäre Einrichtungen. Kinderspielplätze und Unterhaltungsangebote kommen Familien entgegen. Eine große Auswahl geprüfter Plätze bieten der **ADAC Campingführer** und der **ADAC Stellplatzführer** (adac.de/campingfuehrer). Die Inhalte gibt es auch als App für iPhone, iPad und Android.

Ferienhäuser und -wohnungen

Bungalowparks sind in den Niederlanden sehr beliebt. Stark zugenommen hat die Vermietung von Wohnungen über Airbnb, Wimdu etc. Dies ist vor allem in Amsterdam ein großes lokalpolitisches Thema, da man die schleichende Verwandlung der Stadt in einen Touristenpark befürchtet. Es gelten strenge Auflagen.

Hotels

Als Orientierungshilfe werden die Hotels in den Niederlanden nach festen Kriterien mit 1 bis 5 Sternen ausgezeichnet. Dies sagt heute nur noch wenig über die tatsächliche Qualität einer Unterkunft aus. Vielerorts sind sowohl die Standards als auch die Preise mit denen in Deutschland vergleichbar, Amsterdam und die Küste können deutlich teurer sein. Informationen und Buchungsmöglichkeiten z. B. auf www.holland.com. Empfehlenswerte Unterkünfte finden Sie in diesem Band am Ende jedes Kapitels (S. 44, 74, 90, 107, 120).

Stayokay-Hostels

Die Kette Stayokay (www.stayokay.com) ist aus den einst staatlichen Jugendherbergen hervorgegangen. Das Unternehmen betreibt landesweit über 30 Häuser. Das Angebot reicht vom Betten im Schlafsaal bis zu Doppelzimmern mit eigenem Bad. Neben Backpackern gehören auch junge Familien zur Zielgruppe. Mitglieder des Jugendherbergsvereins erhalten bei Vorlage des Ausweises Rabatt.

Wanderhütten

Schlichte Hütten ohne Küchenutensilien und Bettwäsche, aber mit Wasch- und Kochgelegenheit sowie Betten für maximal 4 Personen findet man in allen drei Beneluxländern. Sie liegen stets in einer Entfernung von 25 km, sodass die jeweils nächste im Rahmen einer Tageswanderung erreicht werden kann. Nähere Informationen unter www.trekkershutten.nl.

Verkehrsmittel im Land

Bahn

Das Netz der **Nederlandse Spoorwegen** (www.ns.nl) ist außergewöhnlich gut ausgebaut, die Taktung der meisten Verbindungen dicht. Nachts verkehren zwischen Rotterdam, Delft, Den Haag, Leiden, Amsterdam und Utrecht im Stundentakt Züge. **Fahrplanauskunft** unter www.ns.nl und www.9292.nl. **Fahrkarten** sind vergleichsweise preiswert. In Kooperation mit Supermärkten wie Albert Hejn und Jumbo oder Kaufhäusern wie Hema und Blokker offerieren die Nederlandse Spoorwegen regelmäßig günstige Tagestickets in begrenzter Zahl. Aktuelle Infos direkt in den Geschäften oder unter https://goedkoeptreinkaartje.com (nur auf Niederländisch).

Fahrrad

Abgetrennte Radwege, Vorfahrt im Stadtverkehr, eigene Parkhäuser und gesellschaftliche Akzeptanz. All dies trägt dazu bei, dass die Fahrradkultur in den Niederlanden nicht nur ein Klischee, sondern gelebte Realität ist. In Amsterdam übersteigt die Anzahl der Drahtesel mit 900 000 die der 863 000 Einwohner. Hier wie in anderen großen Städten ist das Zweirad das effektivste Verkehrsmittel, mit dem Auto oder mit Bus und Bahn ist man meist länger unterwegs.

Über die Mitnahme von Fahrrädern im Zug informiert die Broschüre **»Fiets en Trein«,** die in allen Bahnhöfen ausliegt. Man erwirbt zunächst eine Fahrradkarte, dann wird der Drahtesel im Fahrradwagen (blauer Aufkleber mit weißem Rad) abgestellt. Im Berufsverkehr (Mo–Fr 6.30–9, 16.30–18 Uhr) werden keine Räder befördert.

Mietwagen

Für Mitglieder bietet die **ADAC Autovermietung** günstige Konditionen an. Buchungen können über adac.de/auto vermietung, die ADAC Geschäftsstellen oder unter Tel. 089/76 76 20 99 getätigt werden. Internationale Verleihunternehmen wie Avis, Hertz, Europcar oder Alamo, aber auch kleinere regionale Anbieter unterhalten Niederlassungen an den Flughäfen und in vielen niederländischen Städten.

Öffentliche Verkehrsmittel

Die Benutzung öffentlicher Verkehrsmittel erfordert in den Niederlanden eine **OV-Chipkaart.** Das Universalticket ist für Bus, Straßenbahn, U-Bahn und Bahn gültig und sowohl als Abo-Karte wie auch als anonyme Prepaid-Karte erhältlich. Gekauft werden kann sie an Serviceschaltern und Automaten der Bahn sowie in Supermärkten, Zeitschriftenläden und Tabakgeschäften, wobei ein Pfand von 7,50 € erhoben wird. Die Karten sind fünf Jahre gültig und können mit Bank- oder Kreditkarte, an manchen Automaten auch mit Bargeld aufgeladen werden. Für Bahnfahrten ist ein Guthaben von 20 € erforderlich, sonst genügen 4 €. Bei jedem Verkehrsmittel müssen Fahrgäste ein- und wieder auschecken, indem sie die Chipkaart an einen dafür vorgesehenen Kartenleser halten. Zu den Tücken des Systems gehört, dass man z. B. in Bahnhöfen zuweilen versehentlich eincheckt.

Schiff

Fähren verbinden die der Küste vorgelagerten Wattenmeerinseln untereinander und mit dem Festland. Außerdem gibt es Fähren nach Zeeland sowie über Flüsse und Kanäle. Viele von ihnen sind Autofähren, bei den Schiffen auf die autofreien Inseln Schiermonnikoog oder Vlieland ist jedoch nur das Mitführen von Fahrrädern erlaubt. Informationen finden Sie im Reiseteil dieses Buches bei den jeweiligen Orten und Inseln unter der Rubrik »Verkehr«.

Taxi

Taxis arbeiten strikt nach **Taxameter,** der Fahrpreis wird von den Kunden meist zu einer glatten Summe aufgerundet. Man findet Taxis an **Taxiständen** oder bestellt sie per Telefon. Es ist in den Niederlanden unüblich, ein Taxi an der Straße anzuhalten.

Zollbestimmungen

Reisebedarf für den persönlichen Gebrauch darf **innerhalb der EU** abgabenfrei eingeführt werden. **Richtmengen** für Privatreisende ab 17 Jahren sind: 800 Zigaretten, 400 Zigarillos, 200 Zigarren, 1 kg Tabak, 10 l Spirituosen, 20 l Zwischenerzeugnisse, 60 l Schaumwein, 110 l Bier. Detailierte Informationen für Deutschland unter www.zoll.de, für Österreich unter www.bmf.gv.at/zoll.

Bei **Reisen von Drittländern** (Schweiz) dürfen zollfrei 200 Zigaretten, 1 l Spirituosen, 50 ml Parfüm und 0,25 l Eau de Toilette, 500 g Kaffee oder 200 g Kaffee-Extrakt, 100 g Tee oder 40 g Tee-Extrakt, sonstige Waren mit einem maximalen Wert von 430 € sowie Medikamente für den Eigengebrauch eingeführt werden. Detaillierte Informationen unter www.ezv.admin.ch.

Waffen (auch Pfefferspray) sowie realistische Imitationen von Feuerwaffen (Kinderspielzeug) dürfen nicht eingeführt werden.

Die Geschichte der Niederlande

80 000–10 000 v. Chr. Jäger und Sammler durchstreifen das Land.

50–12 v. Chr. Germanische Bataver besiedeln die Inseln der Rheinmündung.

382 Maastricht wird zum Bischofssitz erhoben.

1421 Die gewaltige St.-Elisabeth-Flut fordert Zehntausende von Opfern.

1543 Karl V., habsburgischer König von Spanien und deutscher Kaiser, schließt seine Eroberung der Niederlande ab.

1550 Die Kirchenreformation und vor allem die Lehren Calvins gewinnen in den Niederlanden großen Einfluss. König Philipp II. versucht die Bewegung mittels der Inquisition und auch militärisch zu bekämpfen.

1566 Wilhelm I. von Oranien aus dem Hause Nassau-Dillenburg setzt sich an die Spitze der Freiheitsbewegung. **1584** wird er von einem spanischen Agenten ermordet.

1602 Gründung der Verenigde Oost-Indische Compagnie (VOC).

1648 Der Westfälische Friede beendet den Befreiungskampf (»Achtzigjähriger Krieg«) gegen die spanische Vorherrschaft. Das Goldene Zeitalter (Gouden Eeuw) beginnt.

1806–10 Napoleon I. ernennt die Niederlande zum Königreich mit seinem Bruder Louis als König. Amsterdam wird Hauptstadt.

1848 Eine Verfassungsreform macht die Niederlande zur konstitutionellen Monarchie.

1914–18 Die Niederlande bleiben im Ersten Weltkrieg neutral.

1920–32 Zum Schutz vor Sturmfluten und zur Landgewinnung wird die Zuiderzee eingedeicht und bildet fortan den Binnensee Ijsselmeer.

1939/40 Die Niederlande bleiben bei Ausbruch des Zweiten Weltkriegs neutral. Dennoch überfällt die deutsche Wehrmacht im Mai 1940 das Land.

1945 Die auf niederländischem Territorium von alliierten Streitkräften eingeschlossenen deutschen Truppen kapitulieren.

1953 Eine Flutkatastrophe im Südwesten der Niederlande fordert mehr als 1800 Todesopfer.

1966 Kronprinzessin Beatrix heiratet den deutschen Diplomaten Claus von Amsberg.

2002 Am 2. Februar heiratet Kronprinz Willem-Alexander die Argentinierin Máxima Zorreguieta.

2013 Im Januar gibt Königin Beatrix ihre Abdankung bekannt, Kronprinz Willem-Alexander wird am 30. April als neuer König vereidigt.

2018 Mit Femke Halsema wird erstmalig in der Geschichte von Amsterdam eine Frau Bürgermeisterin.

2020 Rotterdam richtet im Mai den Eurovision Song Contest aus.

Der Westfälische Friede gewährte den Niederlanden die Unabhängigkeit

Niederländisch für die Reise

Das Wichtigste in Kürze

Ja/Nein	*ja/nee*
Bitte/Danke	*alstublieft/dank u wel*
Hallo!/Auf Wiedersehen!	*Hallo!/ Tot ziens!*
Guten Morgen!/ Guten Tag!	*Goedemorgen!/ Goedendag!*
Guten Abend!/ Gute Nacht!	*Goedenavond!/ Goedenacht!*
Mein Name ist ...	*Mijn naam is ...*
Entschuldigung!	*sorry!/pardon!*
Achtung!/Vorsicht!	*Opgepast!/ Voorzichtig!*
Ich verstehe Sie nicht.	*Ik versta u niet.*
Wie viel kostet ...?	*Hoeveel kost(en) ...?*
Damen/Herren	*dames/heren*
geöffnet/geschlossen	*open/gesloten*
gestern/heute/ morgen	*gisteren/vandaag/morgen*
Wie viel Uhr ist es?	*Hoe laat is het?*
Wo ist ...?	*Kunt u mij zeggen waar ...*
Wie weit ist ...?	*Hoe ver is het ... ?*
Ist das der Weg nach ...?	*Is dit de weg naar ...?*
Nord/Süd/West/Ost	*noord/zuid/west/oost*
Ich möchte ...	*Ik zou graag ...*
Die Rechnung, bitte!	*De rekening alstublieft!*
Restaurant	*restaurant*
Auto	*auto*
Tankstelle	*benzinepomp*
Bleifrei Super Plus/	*ongelood Super/*
Bleifrei Super/	*Superbenzine/*
Diesel	*Diezel, Diesel*
Panne	*autopech*
Hilfe!	*Help!*
Fahrrad	*fiets*
Hauptbahnhof	*centraal station*
Busbahnhof	*bushalte*
Flughafen	*luchthaven*
Ausweis	*legitimatiebewijs*
Bank/Geldautomat	*bank/geldautomaat*
Arzt	*arts*
Apotheke	*apotheek*
Lebensmittelgeschäft	*supermarkt*
Tourismusbüro	*VVV*

Wochentage

Montag/Dienstag	*maandag/dinsdag*
Mittwoch	*woensdag*
Donnerstag	*donderdag*
Freitag/Samstag	*vrijdag/zaterdag*
Sonntag	*zondag*

Monate

Januar/Februar	*januari/februari*
März/April	*maart/april*
Mai/Juni	*mei/juni*
Juli/August	*juli/augustus*
September/Oktober	*september/oktober*
November	*november*
Dezember	*december*

Zahlen

1	*één*	8	*acht*
2	*twee*	9	*negen*
3	*drie*	10	*tien*
4	*vier*	11	*elf*
5	*vijf*	12	*twaalf*
6	*zes*	100	*honderd*
7	*zeven*	1000	*duizend*

Hinweise zur Aussprache

ei	wie ›ei‹, Bsp.: Leiden
eu	wie ›ö‹, Bsp.: deur
oe	wie ›u‹, Bsp.: boer
ou	wie ›au‹, Bsp.: hout
u	wie ›ü‹, Bsp.: nul
ui	wie ›ö‹, Bsp.: huis
ij	wie ›ei‹, Bsp.: Nijmegen
c	wie ›s‹, Bsp.: centraal
g	wie ›ch‹, Bsp.: tegel
sch	wie ›s‹ und ›ch‹ getrennt sprechen, Bsp.: schip
z	wie ›s‹, Bsp.: Zon

Alle Blickpunkt-Themen in diesem Band:

Die Niederländische Ostindien-Kompanie 24
Das Goldene Zeitalter 27
Das Königshaus 58
Windmühlen damals und heute 65
Der ewige Kampf gegen das Wasser 69
Pilgerziel für Gourmets 88

Tulpomanie 64
Saubere Strände 115

Register

A

Abschlussdeich 32, 34, 106, 118
Achtzigjähriger Krieg 27, 76, 136
Alkmaar 39
Alkohol 130
Almere 105
Ameland 116
Amersfoort 98
Amsterdam 18
- A'DAM Toren 30
- Albert-Cuyp-Markt 29
- Anne Frank Huis 25
- Begijnhof 21
- Bloemenmarkt 24
- Centraal Station 19
- Dam 20
- De Pijp 27
- De Wallen 20
- Grachtengürtel 24
- Herengracht 25
- Hermitage 25
- Jordaan 26
- Keizersgracht 25
- Koninklijk Paleis 20
- Magere Brug 25
- Museum van Loon 25
- Museum Willet-Holthuysen 25
- Nationaal Monument 20
- NDSM-werf 30
- Negen Straatjes 26
- Noord 29
- Ons' Lieve Heer op Solder 21
- Oost 29
- Paradiso 29
- Prinsengracht 25
- Rijksmuseum 27
- Stedelijk Museum 28
- Van Gogh Museum 28
- Vondelpark 28

Amsterdamer Schule 38
Angeln 130
Anreise 123
Arnhem 99
Auto und Verkehr 124

B

Barrierefreies Reisen 126
Beatrix, Königin 136
Beekse Bergen 80
Beginenhöfe 21, 79
Bergen 38
Bergen op Zoom 78
Berlage, Hendrik Petrus 58, 102
Blom, Piet 49
Bollenstreek 63
Bosch, Hieronymus 81, 82
Bossche Bollen 81
Breda 78
Breskens 73
Brueghel d. Ä., Pieter 50
Bruin Cafés (Braune Cafés) 26
Bruna, Dick 95

C

Cadzand 73
Camping 133
Carnegie, Andrew 58
Circuit Park Zandvoort 40
Coen, Jan Pieterszoon 33
Cranberrys 115, 116
Cuypers, P. J. H. 19, 27, 97

D

DAF, Automobilhersteller 84
De Efteling 81
Delft 54
- Beestenmarkt 55
- De Porceleyne Fles 55
- Nieuwe Kerk 54
- Oude Kerk 54
- Vermeer Centrum 55
Delfter Fayencen 54
Deltapark Neeltje Jans 69
Deltawerke 67, 69, 71, 78
Den Haag 56
- Binnenhof 57
- De Passage 59
- Escher in Het Paleis 57
- Gemeentemuseum Den Haag 58
- Madurodam 58
- Mauritshuis 56
- Vredespaleis 58
De Ruyter, Michiel 70, 106
De Stijl 28, 96, 98, 102
Deventer 103
Dickens, Charles 103
Diplomatische Vertretungen 126
Domburg 69
Dordrecht 66
Drogen 130
Dutch Design 83, 84, 99, 110

E

Eindhoven 83
Einreise 123
Eisinga, Eise 113
Elfstedentocht 112, 113
Emmen 119
Enkhuizen 34
Escher, Maurits Cornelis 57
Events 128

F

Fabritius, Carel 57
Feier- und Gedenktage 126
Festivals 128
Flevoland 105
Franeker 113
Frank, Anne 25

G

Geld und Währung 126
Gesundheit 127
Giethoorn 104
Glockenspiele (Carillons) 32, 94, 102
Goeree-Overflakkee 66
Goldenes Zeitalter 27, 136
Golf 131
Gouda 64
Goudereede 67
Grevelingen 67
Groningen 110
Groninger Wad 112

H

Haarlem 41
- De Hallen 43
- De Vijfhoek 42
- Frans Hals Museum 42
- Gouden Straatjes 43
- Grote Markt 43
- Molen de Adriaan 42
- St. Bavo 43
- Teylers Museum 43
Hals, Frans 27, 42
Haringvliet 67
Harlingen 113
Hausbootferien 113
Haustiere 127
Het Arsenaal 71
Het Zwin 73
Hofjes 42, 43, 62
Hollum 117
Hoorn 33

I

Ijsselmeer 31, 105, 106
Information 127
Internet 132

K

Kanufahren 131
Karl V. 136
Käse 39, 64, 71, 88, 111
Kasteel de Haar 97
Kasteel Duivenvoorde 60
Kegelrobben 37
Keukenhof 64
Kinderdijk 65
Klima 129
Koningsdag 20, 128
Koolhaas, Rem 50, 78, 105
Kröller-Müller Museum 101

L

Leeuwarden 112
Leiden 61
- Burcht van Leiden 62
- Hortus Botanicus 62
- Molen De Valk 62
- Museum De Lakenhal 62
- Pieterskwartier 62
Lelystad 105
Leuchttürme 32, 36, 73, 113, 114, 115, 117

M

Maastricht 86
- Bisschopsmolen 87

- Boekhandel Dominicanen 86
- Bonnefantenmuseum 87
- Grotten am Sint Pietersberg 87
- Vrijthof 87
Marken 32
Märkte 111
Mata Hari 112
Máxima, Königin 58, 136
Medien 129
Meijendel 61
Middelburg 71
Middelharnis 67
Mondrian, Piet 28, 50, 58, 98
Monnickendam 31
Muscheln 72, 88
MVRDV, Architekturbüro 49, 50

N

Nachtleben 129
Nationaal Park De Hoge Veluwe 101
Nationaal Park Schiermonnikoog 117
Nationaal Park Zuid-Kennemerland 40
Nederlands Openluchtmuseum 100
Nes 117
Niederländische Ostindien-Kompanie 24, 27, 34, 106, 136
Niederländisch-Ostindien, Kolonie 33
Nijmegen 98
Nijntje (Miffy) 95
Noordhollands Duinreservaat 39
Noordwijk 63
Notfall 129
Nuenen 84

O

Öffnungszeiten 129
Oosterschelde 69, 72
Ouddorp 67
OV-Chipkaart 19, 135

P

Parken 125
Philips, Konzern 83
Post 130
Potter, Paulus 57
Prinsjesdag 57

R

Radfahren 131
Rauchen 130
Reisezeit 129
Reiten 131
Rembrandt Van Rijn 21, 27, 57, 61, 112
Renesse 67
Rietveld, Gerrit 28, 96
Rieu, André 87
Roermond 85
Rossi, Aldo 87
Rotterdam 48
- Erasmusbrug 49
- Euromast 51
- Hafen 53
- Kijk-Kubus 49
- Kubuswoningen 49
- Lijnbaan 53
- Markthal 49
- Museum Boijmans van Beuningen 50
- Museumpark 50
- Natuurhistorisch Museum 50, 51

S

Scheveningen 60
Schiermonnikoog 117
Schoorlse Duinen 38
Schouten, Willem 33
Schouwen-Duiveland 67
Schweinswale 37
Seehunde 36
Segeln 132
s'Hertogenbosch 81
Sicherheit 130
Slot Loevestein 82
Sluis 73
Sneek 118
Souvenirs 130
Space Expo 63
Spargel 85, 88
Strände 115
Strandpavillons 36, 38, 41, 61, 67, 114, 118
Strom 132

T

Tanken 124
Tasman, Abel 33
Telefonieren 132
Terschelling 115
Texel 35
- De Koog 36
- Den Burg 35
- Den Hoorn 35
- De Slufter 37
- Ecomare 36
- Oudeschild 36
- Vuurtoren 36
Tilburg 80
Trinkgeld 132
Tulpen 63, 64

U

Übernachten 74, 90, 107, 120, 133
Umgangsformen 132
Urk 118
Utrecht 94
- Domtoren/DOMunder 94, 95, 96

- Museum Speelklok 95
- Nijntje Museum 95
- Rietveld Schröderhuis 96

Utrechtse Heuvelrug 97

V

Van Berkel & Bos, Architekturbüro 49
Van den Vondel, Joost 28
Van der Weyden, Rogier 57
Van Doesburg, Theo 28, 58
Van Gogh, Vincent 28, 82, 84, 101, 119
Van Nassau, Johann Maurits 56
Veenpark 119
Venlo 85
Verkehrsmittel 134
Verkehrsvorschriften 124
Vermeer, Johannes 27, 54, 55, 57
Vlieland 114
Vlissingen 70
Volendam 32

W

Walcheren 71
Wandern 132
Wassermanagement 69
Westerschelde 69, 70, 72
Wilhelm I. von Oranien 136
Willem-Alexander, König 20, 58, 128, 136
Windmühlen 31, 36, 42, 62, 65, 82 ,128
Woudrichem 82

Y

Yerseke 72

Z

Zaanse Schans 31
Zandvoort aan Zee 40
Zeeuws Vlaanderen 72
Zierikzee 68
Zollbestimmungen 135
Zuiderzee 31, 32, 34, 106
Zutphen 102
Zwolle 104

Bildnachweis

Titel: Historische Windmühlen im Museum Schermerhorn
Foto: **AWL-Images** (Jason Langley)
Rücktitel: links: **mauritius images** (frans lemmens/Alamy); rechts: **stock.adobe.com** (Fred)

AWL-Images: Francesco Iacobelli 7 – **dennis bouman 2016:** 30 – **gemeinfrei:** 10.1, 27, 136 – **Camping de Lakens:** 45 – **Huber Images:** Maurizio Rellini 8/9, 18/19; Andrea Armellin 17.1, 29, 54/55; Francesco Carovillano 110 – **Jahreszeiten Verlag:** Marion Beckhäuser 6.2; Gerald Hänel 11.2 – **laif:** Michael Amme 14/15; Gulliver Theis 52; Hollandse Hoogte 79; Bram Saeys/Hollandse Hoogte 85; Jean Pierre Jans/REA 93.2 – **Look:** Wohner 38; Michael Zegers 68; Eva Kaschewski 109 – **mauritius images:** frans lemmens/Alamy 2, 91; Rene Mattes 5.2; Alamy 6.3; Washington Imaging/Alamy 10.2; Karl F. Schöfmann/imageBROKER 13.1; Peter Horree/Alamy 13.2; robertharding/Jason Langley 34; Prisma/Renee van der Meer 42, 83; Stefan Schneider 70; Steve Allen Travel Photography/Alamy 77.1; age fotostock/ICP 81; Lourens Smak/Alamy 106; Jean Schwarz 116; Doolaard/ANP Photo 119; image BROKER/Jason Langley 128; ANP Photos/Ronald Naar 144 – **picture alliance:** Arco Images GmbH 12.1, 63; **Seasons Agency:** Jalag/Markus Bassler 89 – **Shutterstock.com:** Gerard Koudenburg 11.1; Olena Tselykh 12.2; Menno Schaefer 12.3; Photodigitaal.nl 41; VanderWolf Images 48/49; SergiyN 53; Neirfy 56/57; Zairon Jacobs 60; BESTWEB 64; Matyas Rehak 77.2; Juriaan Wossink 94/95; Marc Venema 96; Julia700702 102; EQRoy 125; Comaniciu Dan 131 – **stock.adobe.com:** dennisvdwater 4/5; neirfy 9; Hiko 13.3; orpheus26 21; creativenature.nl 33, 100; TasfotoNL 37; tonyv3112 66; A 73; Olha Rohulya 86/87; DutchScenery 99; fotografiecor 105; rcfotostock 115; lornet Umschlagklappe oben; Sergii Figurnyi Umschlagklappe unten.

Impressum

Herausgeber: GRÄFE UND UNZER Verlag GmbH, Postfach 86 03 66, 81630 München
Leitender Redakteur: Benjamin Happel
Autoren: Ralf Johnen, Alexander Jürgens
Verlagsredaktion: Gernot Schnedlitz, Silke Tauscher, Nadia Terbrack
Lektorat: Anja Lehner
Bildredaktion: Dr. Nafsika Mylona
Satz: uteweber-grafikdesign
Reihengestaltung: Independent Medien Design, Horst Moser, München; Eva Stadler, München
Kartografie: Huber Kartographie GmbH, www.kartographie.de;
Kunth Verlag GmbH & Co. KG, München
Herstellung: Mendy Willerich
Druck + Bindung: Drukarnia Dimograf Sp z o.o. (Polen)

Ansprechpartner für den Anzeigenverkauf:
KV Kommunalverlag GmbH & Co. KG,
MediaCenter München,
Tel. 089/928 09 60

Bei Interesse an maßgeschneiderten B2B-Produkten:
roswitha.riedel@graefe-und-unzer.de

GRÄFE UND UNZER

Ein Unternehmen der
GANSKE VERLAGSGRUPPE

ISBN 978-3-95689-714-6
1. Auflage 2020

Leserservice
adac@graefe-und-unzer.de
Tel. 00800/72 37 33 33 (gebührenfrei in D, A, CH)
Mo–Do 9–17 Uhr, Fr 9–16 Uhr

Aus Gründen der besseren Lesbarkeit wird in diesem Buch bei Personenbezeichnungen das generische Maskulinum verwendet. Es gilt gleichermaßen für alle Geschlechter.

Unterwegs in den Niederlanden

Fahrrad

Das überwiegend flache Terrain, ein dichtes, gut ausgeschildertes Wegenetz, reichlich gesicherte Abstellplätze und günstige Leihkonditionen machen das Fahrrad vor allem innerhalb der Städte zum populärsten Verkehrsmittel der Niederlande. Einziger Wermutstropfen: Der Wind kommt immer von vorne.

■ Details auf Seite 131 und 134

OV-Chipkaart

Der Öffentliche Nahverkehr ist in den Niederlanden vorbildlich organisiert: Für fast alle Bahnen und Busse gilt ein einziges Bezahlsystem, die OV-Chipkaart. Touristen können eine wiederaufladbare Karte u.a. an Bahnhöfen erwerben. Achtung: Bei jedem Verkehrsmittel muss ein- und ausgecheckt werden.

■ Details auf Seite 135

Hebebrücken

In einem Land, wo auf dem Wasser fast so viel Verkehr herrscht wie auf dem Land, sind Hebebrücken unerlässlich. Wenn sie geöffnet sind, melden Leuchttafeln »brug open« – Autos müssen dann warten, bis alle Schiffe vorbeigezogen sind. Eine eigene Website informiert über bevorstehende Brückenöffnungen.

■ www.brug-open.nl

Schlittschuhe

In einer idealen Welt würden sich die Niederländer von Dezember bis März ausschließlich auf Schlittschuhen fortbewegen. Die vielen Kanäle frieren aber nicht mehr so häufig zu wie früher. Wenn sie es doch tun, ist der Verkehr auf den vereisten Wasserstraßen dicht.

■ Aktuelle Eismeldungen unter www.schaatsen.nl, Link ›Het Ijs op‹